日本語の習得を支援する
カリキュラムの考え方

Curriculum Development
for Japanese as a Second Language

畑佐由紀子
YUKIKO HATASA

くろしお出版

Curriculum Development for Japanese as a Second Language

© Yukiko HATASA

First published 2018

All rights reserved. No part of this publication may be reproduced, stored in a retrieval system, or transmitted in any form or by any means, without the prior permission in writing of Kurosio Publishers.

Kurosio Publishers
3-21-10, Hongo, Bunkyo-ku, Tokyo 113-0033, Japan

ISBN 978-4-87424-758-7
printed in Japan

はじめに

　私は米国の大学院を修了し、その後20年以上米国で外国語としての日本語指導に携わってきました。そのため、自分の知識のほとんどは米国で学んだものです。2007年に帰国し、大学の授業で使う日本語教育の本を探していたところ、米国の第2言語・外国語教育理論の多くが国内の日本語教育にも導入されていることが分かりました。同時に、国内で出版されている本の説明と自分が学び教えてきたことの間に多くのずれがあるのに驚きました。例えば、「コース」という単語一つをとっても、英語のcourseとは意味が異なり、日本語の「コース・デザイン」も私が知っているcourse designとは別物のように感じられました。そのような状況で、日本語教育を専門とする学生の皆さんに何をどう教えたらよいのか、思い悩むことがありました。米国式に教えてしまうと、日本語教育能力検定試験では間違った答えを書くことにもなりかねないため、学生にとって不利ではないか、その一方で、自分が必ずしも正確ではないと思っていることを正しいものとして教えていいのか、自問自答する日々が続きました。そこで、国内の日本語教育で使われている用語や考え方が、国内の英語教育でも同様に使われているのかを調べるとともに、英語の原著論文を調べなおすことにしました。その結果、第2言語としての英語（English as a Second Language, ESL）での研究や教育論が国内の日本語教育に導入された際、導入した研究者の意見が日本で一般化され通説となっていたり、北米とヨーロッパの言語教育観の違いが日本語教育では十分反映されていなかったりと、自分が感じた違和感には様々な原因があることが分かりました。そして、何をどう伝えればいいのかを考えるようになり、本書を書くことにしました。

　本書では、国内の日本語教育に導入された考え方に配慮しながらも、できる限り原著に忠実に、日本語教育プログラムを構築、運営、あるいは改善するために必要とされる情報を紹介することにしました。また、近年、特定の指導法や考え方を紹介する本は多く出版されていますが、カリキュラム開発を総合的に扱ったものは見られないことから、本書では、カリ

キュラム開発全般をカバーし，カリキュラム開発の構成要素それぞれについて，問題となってきたこと，提唱されてきたことを，その理論的背景とともに検討することにしました。

　本書は，7章で構成されています。第1章では，第2言語学習者とはどのような人たちなのかについて，第1言語学習者との比較を通して考えています。この章では，第1言語習得，第2言語習得の特徴について簡単に紹介し，第2言語習得研究が教師に教えてくれることについて検討します。これにより，教師は学習者に何をどのように提供すべきか，学習者の発話や発達過程をどう理解するか，教師の固定観念やビリーフを持ちすぎることの危険性などについて考えていきます。

　第2章では，コミュニケーション能力とは具体的にどのような能力を指すのか，先行研究で提唱された様々な定義について比較検討します。その上で，現在国内で指導の対象とされているもの，されていないものについて検討します。

　第3章では，カリキュラム開発全体の流れについて，異なるアプローチを紹介するとともに，その基礎概念を紹介します。また，ニーズ分析，環境分析，目標言語調査など，カリキュラムを開発するのに必要な情報収集をどのように行なうか，事例と注意点を挙げながら紹介していきます。

　第4章では，コース・デザインとシラバスについて説明します。ここで言うコース・デザインとは，あくまでも1つの科目をどのようにデザインするかということを意味します。その上で，様々なシラバス（指導内容）について，そのシラバスが考案された歴史的背景や特徴について紹介します。そして，読者の皆さんが自分の教えている日本語の授業の指導内容を決める際，どのような点に留意すべきかについて考えていきます。

　第5章では，まず，教授法を語るときによく使われる，アプローチとメソッド（〜法）という言葉について定義します。その上で，第2言語教育で提唱されてきた様々な教授法について歴史をたどっていきます。そして，それぞれの教授法が発展した社会的背景やニーズ，教授法を支える理論や特徴，教師や学習者に期待されること，優れた点と限界点などについて考えます。また，この章では，教授法ではありませんが，テクノロ

ジーを使った指導法であるブレンディッド・ラーニングや反転授業についても紹介します。

　第6章では，教材について検討します。ここではまず初めに教科書を使うことの是非に関する論争を紹介し，なぜ教科書を使うことが問題となるのかについて説明します。その上で，教科書を使う場合はどのように使うべきか，教科書を選ぶときにどの点に注意すべきかについて考えていきます。次に，絵カード，文字カード，写真，実物，視聴覚教材，生教材といった副教材の選び方や使い方と，その留意点について検討します。最後に，近年使用範囲とその可能性が広がっている様々なテクノロジーについて，その特性や使い方を紹介していきます。

　第7章では，評価について考えます。ここでは，アセスメント，エバリュエーション，評価といった用語について定義をし，これら日本語では区別されにくい用語がどのような関係にあり，どう異なるのかについて説明します。また，評価の目的や，評価後に下す判断に基づく評価の分類，アセスメント・タスクの分類，そして，アセスメント・タスクの1つであるテストの分類について説明します。さらに，評価の信頼性と妥当性について検討します。妥当性に関する考え方は，ESLの分野では1990年以降大きく変わりましたが，日本語教育の分野にはまだ反映されていないため，この変革を踏まえて，現在の妥当性の考え方と検証のアプローチを紹介し，現在使用されている日本語の大規模テストについて考えます。さらに，近年提唱されている，評価と学習の一体化という考え方についても簡単に紹介します。

　将来日本語教育に従事することを考えている学生の皆さん，現在日本語教育のプログラム作りを担当されている方，また，国内外のカリキュラム開発のあり方について疑問を持っている方，そして，カリキュラム開発について指導する立場にある方にとって，本書で紹介したことがヒントとなり，それぞれの現場に活かしていけるものとなることをお祈りします。

2018年2月
畑佐由紀子

目　次

はじめに iii

第 1 章　第 2 言語学習者とは 1
1. はじめに 1
2. 第 1 言語習得過程 2
3. 第 2 言語習得過程 6
4. SLA 研究が教師に教えてくれること 10

第 2 章　コミュニケーション能力とは 13
1. はじめに 13
2. Hymes の定義 13
3. Canale & Swain のモデル 14
4. Bachman & Palmer のモデル 15
5. Celce-Murcia のモデル 18
6. 母語話者のコミュニケーション能力 20
7. コミュニケーション能力の獲得を支援する指導とは 21

第 3 章　カリキュラム 23
1. はじめに 23
2. カリキュラム開発 23
3. 習得を支援するカリキュラム 42

第 4 章　コース・デザインとシラバス 59
1. はじめに 59
2. コース・デザインの概要 59
3. シラバス・デザイン 61
4. シラバスの選び方 74

第 5 章　教授法 81
1. はじめに 81
2. 1930 年代以前の教授法 81
3. 1930 年代から 60 年代のアプローチ 86
4. 1970 年代の教授法―ヒューマニスティック・アプローチ 98

5. コミュニカティブ・ランゲージ・ティーチング
   （初期のコミュニカティブ・アプローチ） 114
6. ナチュラル・アプローチ 118
7. プロフィシエンシー・アプローチ 124
8. 内容重視型学習と内容言語統合型学習 129
9. タスク中心指導法 136
10. 反転授業とブレンディッド・ラーニング 145
11. まとめ 149

第6章　教材 151
1. はじめに 151
2. 教材の種類 151
3. まとめ 167

第7章　評価 179
1. はじめに 179
2. アセスメント，エバリュエーション，評価 179
3. 評価の分類 181
4. アセスメント・タスク 184
5. 信頼性と妥当性 190
6. 大規模テスト 201
7. 評価と学習 204

参考文献 208
索引 221

第 1 章

第 2 言語学習者とは

1. はじめに

　言語を効果的に学習するにはどうすればいいかと聞くと，文法をきちんと積み上げるべきだ，例文を覚えるのがいい，何度も繰り返すのが大事だ，とにかく母語話者とたくさん話せばいいなど，人によって意見は様々である。多くの人は，外国語を学習したことがあるので，自分が学校で教えてもらった方法や，自分が外国語を勉強してみてうまくいった経験などから，「正しい学習法」に対する考え方を形成していくのであろう。また，教師も，教員養成プログラムで紹介された教え方，先輩の教師の教え方，また自分がやってうまくいった教え方などから，言語の指導法について持論を形成していくことが多い。このような経験に基づく助言は，言語学習や指導のよいヒントとなることは言うまでもないが，それがほかの学習者や教師，そして，異なる学習環境にも当てはまるとはかぎらない。経験則に基づく考えが，一般的に正しいと言えるためには，ほかの人が同じように教えた場合も同様の効果があるのか，学習者の特性や指導対象とする言語項目に関わらず効果があるのか，またその効果は持続的なのか，筆記テストではなく，自然なコミュニケーションでも効果が見られるのかなどを証明しなければならない。

　このような課題については，主として，第 2 言語習得（Second Language Acquisition, SLA）研究の分野で研究が進められている。ここで言う第 2 言語とは，母語以外の言語を意味し，外国語や，第 3，第 4 言語も含まれる。したがって，SLA は，母語以外の言語を習得しようとする学習者に焦点を当て，その習得過程や運用について研究する分野であり，教室外で言語を習得する就労者，移民やその子供など，様々な学習環境で第 2 言語を

習得する学習者を対象とする。

　SLA の中でも，教室での指導が学習者の言語習得にどのように影響するかについて研究する「教示を受けた第 2 言語習得」（Instructed Second Language Acquisition, ISLA）の分野は，教師が指導に対して持っているビリーフが，実際に正しいかどうかを検証したり，教師が指導上疑問に思っていることの答えを提供したりすることができる。本書では，SLA と ISLA 研究の知見をもとに，習得効果を上げる言語教育のあり方について考えていくが，本章では，まず，第 2 言語学習者の言語習得の特徴について，第 1 言語学習者と比較しながら簡単にまとめ，SLA 研究の成果から，第 2 言語の指導に当たって留意しておくべき点について述べる。第 1 言語と比較するのは，第 2 言語の指導法や学習に対する考え方が，第 1 言語習得との比較をもとに論じられてきたからである。

2.　第 1 言語習得過程

　幼児は，意識的な学習をしなくとも，そして知能指数や学習能力に関わりなく，生後数年間で自然に母語（第 1 言語）を習得していく。この第 1 言語の習得過程には次のような特徴がある。

　生まれたばかりの赤ちゃんは言語音を発声するための器官が育っていないため，笑ったり，泣いたり，反射的に奇声を発したり，叫んだりすることはできるが，言語らしい音を発声し始めるには半年ぐらいかかる。初めは，「マ」や「バ」など，口の中の筋肉をあまり使わない音しか発声できないが，咽頭部が発達し，口腔の空間が広くなってくると，喉で音を共鳴させることができ，舌の可動範囲も広くなるため，発声できる言語音の種類が増えてくる。この時期には，舌や歯を使う /t/, /d/，口の奥の筋肉を使う /k/, /g/，複雑な形の筋肉運動を要する /sh/, /ch/ などの音が出せるようになるほか，母音も筋肉に緊張を要しない /a/, /e/, /o/ から，緊張を要する /i/, /u/ を発声できるようになる。

　一方，音の知覚に関しては，生まれたばかりの赤ちゃんは，人の発声する音とそのほかの音を区別し，人が発声する音に注意を向けられることが分かっている。しかし，この段階では，母語の音とほかの言語の音を区別

してはいない。そのため，日本人の乳児であっても，英語の /l/ と /r/ を区別できることが分かっている。この弁別能力は，乳児の周りにいる人の発声する音に対しては発達していくが，周囲の大人が発声しない音については衰えていく。その結果，生後1年ぐらいで，乳児の母語の音に関する知覚能力は発達するが，ほかの言語の音に関する知覚能力は失われていく。この頃，乳児は母語特有の音の組み合わせについても知覚し，単語を発声するようになる。けれども，この時期，乳児が話す単語は，「ブーブー」は車だけではなく飛行機や自転車などすべての乗り物を指したり，「パパ」は父親以外の成人男性を指したりするように，1つの単語の意味範囲が広く，様々な単語を包括するものとして使われることがある。

　1歳半頃になると，幼児は単語ではなく，2つの単語を1度に使う，いわゆる2語文を発声するようになる。2語文は，「コレ　ナニ」「オウチ　ココ」「オオキイ　バシュ」「パパ　ハ？」など，単語が2つながっただけのように見えるが，基礎的な語順や格助詞が含まれるなど，文法的な発達も見られる。これが2歳前後になると3語文になり，「チャウ」「ヨウ」「テハ」など，様々な活用形を使うようになる。さらに，3歳になる頃には従属節や接続助詞などを使って話ができるようになる。また，「オレ」「オマエ」など言葉のスタイルにも注意を向けるようになる。このように，幼児は，単語を発声し始めてから，短期間で急激に母語を習得していく。

　これまでの研究では，幼児によって母語の習得の速度は異なるが，その過程は似ていることが分かっている。まず，幼児の言語発達には，周りの母語話者のインプットにある言語項目を模倣し，統語的な分析をしないで固まりとして学習する段階，その後，規則を学び，その規則を過剰に使用する段階，そして，規則の制約を学び，正用を産出する段階がある。例えば，英語を母語とする幼児は，不規則動詞 go の過去形である went を習得の初期段階では固まりとして使うため，正用が多い。しかし，過去形の -ed の活用ができるようになると，幼児は不規則動詞の go にも文法規則を当てはめて，went の代わりに goed という誤用を産出してしまう。やがて規則動詞と不規則動詞の違いを学び，使い分けられるようになると，goed は消え，幼児は went と規則動詞＋ed を使いこなせるようになる。

このように，一時的に正用率が下がる発達過程は，U字型発達曲線と言われる（図1-1）。

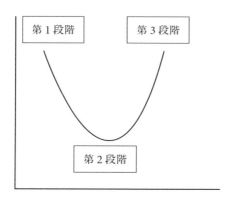

図1-1　第1言語習得に見られるU字型発達曲線

次に，幼児は，文法を一定の順序で習得することも分かっている。例えば，Brown（1973）は3人の幼児と親の会話を縦断的に調査し，これらの幼児が共通の習得過程を通ることを示した。また，幼児の形態素の習得順序は以下の順番で進むことを明らかにした。

1. 現在進行形（-ing）　　Mommy driv*ing*.
2. in　　　　　　　　　Ball *in* cup
3. on　　　　　　　　　Doggie *on* sofa
4. 複数形（-s）　　　　　cat*s*, dog*s*, class*es*
5. 不規則過去　　　　　*came, fell, broke, sat, went*
6. 所有格（'s）　　　　　Mommy*'s* balloon
7. be-動詞（完全形）　　He *is* here.
8. 冠詞（a, the）　　　　I see *a* kitty. I threw *the* ball to daddy.
9. 規則的過去形（-ed）　pull*ed*, walk*ed*
10. 3人称単数形（-s）　　Kathy hit*s*.
11. 3人称単数形（不規則）　*has, does*

12.	助動詞	He *is* wearing the hat.
13.	be-動詞の縮約形	Man*'s* big.
14.	助動詞の縮約形	Daddy*'s* drinking juice.

　また，Bloom（1991）は，否定形や疑問文の発達過程を縦断的に調査し，1つの文法項目の習得においても，一定の発達順序があることを示した。例えば，幼児の英語の否定形は次の4つの段階を経て習得される。

1.	no を文頭につける。		*No* cookie.
2.	動詞の前に否定形を置き，		Daddy *no* comb hair.
	禁止の場合は Don't を固まりとして使う。		*Don't* touch that!
3.	助動詞の否定形を使うが，		I *can't* do it.
	人称や時制に合わせて使うことができない。		He *don't* want it.
4.	do や be などの補助動詞の否定形を正しく		You *didn't* have supper.
	使う。		She *doesn't* want it.

　日本語でも幼児の否定形の習得には一定のパターンがあることが分かっている。伊藤（1990）の縦断的研究によると，日本語を母語とする幼児は次のような発達順序をたどるという。

1.	核文＋ナイ	イヤナイ
2.	動詞＋ナイ	タベナイ，キナイ（来ない）
3.	可能形の否定形	タベラレナイ，アソベラレナイ（遊べない）
4.	否定副詞の出現	アンマリ，シカ，ナニモ

　このように，第1言語習得では，幼児によって習得の速度は異なるが，似たような習得過程をたどることが分かっている。幼児は頻度に敏感で，使用頻度の高い形式を初期段階では固まりとして獲得する傾向があるが，幼児の言語習得は，模倣だけに頼っているわけではない。幼児は習得の過程で，形式について仮説を立てながら，言語を産出し，創造的に習得して

いくのである。その過程で，過剰使用などによる誤用の産出は見られるが，これは習得の過程では自然でかつ必要なプロセスでもあると言える。

では，第2言語も第1言語と同様に習得されるのであろうか。この点については，第1言語と第2言語の習得は似ているとみなす研究者（Krashen, 1981, 1982）もいれば，基本的に異なると考える研究者（Hulstijn, 2002）もいる。

3. 第2言語習得過程

第2言語習得の特徴はその多様性にある。まず，第1言語と違って，第2言語はだれもが習得するものではなく，人によって言語を習得する目的も，習得したい技能も異なりうる。例えば，海外旅行に行く人は，旅行に困らない程度のフレーズや聞き取りができれば十分と考えるかもしれない。一方，通訳を目指す人は，正しく流暢に話せるだけではなく，母語話者並みの発音ができるようになりたいと思うかもしれない。つまり，学習者の目的によって，習得する内容も最終到達点も異なってくるのである。

次に，第2言語の習得環境は様々である。第1言語では一般的に保護者やその周りの人たちと関わる中で言語は自然に習得されるが，第2言語の場合は，その言語が話されている国で言語を習得することもあるし，母国で外国語として第2言語を学習する場合もある。また，それぞれの環境においても，第2言語を話す家族や知人との関わりあいの中で自然に習得する場合もあれば，教室で指導を受けて習得する場合もあるし，教室学習を経て習熟度が上がった後，独学や教室外でのコミュニケーションを通して言語を習得していく場合もある。さらに，教室での学習環境には，第2言語のみを使う環境で，学習者に第2言語だけではなく他教科をも学習させることで，言語習得を目指すイマージョン・プログラムのような環境もあれば，週1，2回のボランティアクラスで会話の練習に参加するだけというような環境もある。これらの環境では，周囲の人間から受けるインプットや学習者が産出しなければならないアウトプットが異なるだけではなく，母語話者とやりとりをする機会やその目的も異なる。ただ，教室環境で学ぶ学習者であっても，すべての学習が教室で起こるわけではな

く，言語を獲得するためには教室外でのやりとりやインプットから学ぶことが多い。よって，教室で学ぶものも自然環境で学ぶものも，ある程度の第2言語を偶発的に獲得すると考えられている。

　第3に，学習者の文化的，言語的背景も様々である。第2言語を習得するすべての学習者は母語という別の言語をすでに獲得しており，特に成人の場合，母語文化で培われた価値観や考え方，学習方法などを有している。学習者が母語の言語知識や，言語処理方略，あるいは母語文化の価値観といったものを第2言語に適用することは広く知られているが，これが習得の助けとなる正の転移の場合もあれば，習得の妨げとなる負の転移（母語干渉）となる場合もある。しかし，学習者の母語や母語文化は様々であり，第2言語習得に与える影響も母語や母語文化によって異なる。

　さらに，第2言語では学習者の特性も多岐にわたる。例えば，学習者の年齢も，幼児から大人までと幅広い。幼児は，認知能力が発達していないが，基本的には母語同様，第2言語も周囲の人とのやりとりの中で自然に習得していくことができる。また，言語習得過程で，コミュニケーションをすることに躊躇したり，傷ついたりすることも少ない。一方，年齢が高くなると，物事を理解する能力や分析する能力が向上し，認知能力を言語習得に活かすことができる。その反面，第2言語で話すことに対する不安感や苦手意識を持ちやすくなるし，習得がうまくいかないと，学習意欲がそがれてしまうなど，情緒的な要因が言語学習に与える影響も大きい。例えば，学習動機は第2言語習得の成功を予測する最も大きな要因であることが明らかにされており（Dörnyei, 2005），学習動機が高いと，会話への参加率が高い，多読をする，いろいろな学習ストラテジーを使いこなす，文法に対する感受性が高い，あきらめないなど，様々な習得効果があることが分かっている（Dörnyei, 2005, 2009; Dörnyei & Kormos, 2000; Schmidt & Watanabe, 2001; Yamashita, 2004）。

　また，第2言語は第1言語と異なり，母語話者並みにはならないことも多い。学習目的によっては，最終到達点が母語話者並みの言語能力ではない場合もあるし，学習動機が低下すると，途中であきらめてしまうこともある。しかし，これだけではなく，母語話者並みになりたいと思って

も，なれないこともある。一般的に，第1言語習得でも第2言語習得でも母語話者は，意味理解に支障がないかぎり，学習者の間違いを直すことは少ない。それでも幼児は周りの人間とのやりとりを通して，仮説検証を積み，正用を学んでいく。これに対して，第2言語学習者は，意味が通じているかぎり，間違った形式を使っていても，気がつかないことが多い。また，母語話者も学習者の間違いをあまり直さない。そのため，成人学習者の場合，間違った形式が内在化され，定着してしまうことがある。その場合，いくら直そうと注意をしてもなかなか直せなくなる。

　これに加えて，第1言語と第2言語では獲得される言語知識が異なると考えられている。幼児が獲得する知識は，暗示的知識または手続き的知識と言われ，流暢な言語運用を説明する知識だと考えられている。この知識の獲得には多くの時間と練習が必要であり，幼児は，大人とのやりとりを通して時間をかけて獲得する。暗示的知識は意識的に把握できない直感的知識であるため，言葉で説明することはできない。また，学習者に内在し自動化された知識であるから，処理速度が非常に速く，選択的に運用することができない。しかし，第2言語の場合，学習者が年少者でないかぎり，全く意識しないで言語知識を獲得するとは考えにくい。特に教室で学ぶ学習者の場合，教科書の説明を読んだり，教師の指導を受けたりして，言語に関する明示的知識または宣言的知識を即時的に獲得する。この知識は，言葉で説明できる知識であるが，自動化されておらず，話者の意図的な処理（コントロール処理）を要するため，運用には時間がかかる。そのため，明示的知識を使って，言語を運用しようとしても，流暢な使用ができない。認知的に発達している成人の場合，教室で習わなくとも，周りの人たちからのインプットや自分の発話を意図的に分析することができるから，明示的知識の獲得や運用は教室外でも起こると考えられる。

　流暢な言語運用に関わる知識は，母語話者が有する暗示的知識であるが，明示的知識を獲得すれば，暗示的知識も獲得できるのであろうか。この点については，明示的知識も，たくさん練習すれば，いずれ自動化し，暗示的知識になるとする論（DeKeyser, 1998），明示的知識は直接暗示的知識にはならないが，明示的知識を持っていることで，インプットの

習得すべき項目により気づきやすくなり，習得を促すという論（R. Ellis, 2005）がある。さらに，明示的知識は，暗示的知識とは神経的に異なる知識であり（Ullman, 2001, 2004），第2言語学習者は明示的知識を練習によってより早く使えるようになるが，暗示的知識になるわけではないとする論（Paradis, 2009）もある。明示的知識と暗示的知識の関係については未だ明らかになっているとは言えないが，第2言語の運用においても，暗示的知識の獲得が重要であるという点では，一致している。

以上，第2言語習得は第1言語習得とは様々な点で異なり，表1-1はこの違いをまとめたものである。

表1-1　第1言語習得と第2言語習得の違い

	第1言語習得	第2言語習得
目的	完全な言語能力習得	学習者によって異なる
指導・学習	必要ない	必要な場合がある
母語の影響	ない	ある
情緒的要因の影響	小さい	年齢によっては大きい
直感	ある	年齢によって異なる
習熟度や習得過程のバリエーション	少ない	多い
最終到達点	完全な習得	概ね不完全な習得
間違いの習得	ない	ある
間違いに対するフィードバック	ほとんどない	必要な場合がある
言語知識	暗示的知識	明示的知識，暗示的知識

とはいえ，第1言語習得と第2言語習得に類似点がないわけではない。先行研究では，第2言語習得でも，指導や学習環境に影響されない，習得順序と発達順序があり，その順序が第1言語習得で観察された順番と似ていることが報告されている。例えば，Dulay & Burt（1973, 1974）は第2言語としての英語（English as a Second Language, ESL）を自然習得する子供と教室で学習する子供の形態素習得順序を調べ，その順序がBrown（1973）と似ていたと報告している。また，大人の教室内英語学習者を分析したBailey, Madden, & Krashen（1974）も，成人であっても，

形態素の習得順序は第1言語での習得順序と似ていたと述べている。さらに，Luk & Shirai（2009）は日本人，中国人，韓国人の習得順序を調べたところ，これらの学習者にも一定の習得順序があることが分かった。そして，その順序は，教科書の提示順とは大きく異なっていた。さらに，先行研究では習得が比較的早かった冠詞が最も遅く，難しいとされた所有格が簡単であるなどの違いも見られた。

また，第1言語でも，第2言語でも，言語を獲得するためには，周囲の人からの言語インプットが必要不可欠である。そして，母語話者同様，第2言語学習者も規則の過剰使用をしたり，母語知識を転移したりすることから，学習者はただ模倣をして言語を習得するのではなく，言語について様々な仮説を立てて運用し，言語を習得していると考えられる。

以上，第2言語習得に見られる特徴をVanPatten & Williams（2007）は，先行研究をもとに，以下の10の現象にまとめている。

第2言語習得で観察される10の現象
1. インプットがなければ第2言語は習得されない。
2. 大部分の第2言語習得は偶発的に起こる。
3. 学習者はインプットが提供する以上のことを習得する。
4. 学習者の発話は多くの場合，予測可能なステップを有する予測可能な過程に基づいている。
5. 学習者の習熟度には個人差がある。
6. 学習者が習得する知識や技能には個人差がある。
7. 頻度が習得に与える影響には限界がある。
8. 第1言語が習得に与える影響には限界がある。
9. 指導が習得に与える影響には限界がある。
10. 学習者のアウトプットが習得に与える影響には限界がある。

4. SLA研究が教師に教えてくれること

本章では第2言語習得の特徴について概観してきたが，この短い説明からも第2言語の指導についていくつかの留意点が考えられる。まず，教

師は，第2言語習得の多様性と複雑さを常に念頭に置いておくべきである。同じ習熟度であっても，学習者が変われば，同じ教え方では対応できないことがあるし，学習環境，学習者特性が変われば，効果的な教え方は変わるかもしれない。また，文化的背景が変われば，学習者のビリーフも変わる。どのような新しい指導法であっても，学習者のビリーフに合わないものをいきなり押しつけてしまっては，期待したほどの学習効果は得られない可能性がある。

次に，教師は自分のビリーフや信念に基づく教え方を信じすぎないほうがよい。自分が習ってうまくいった教え方，慣習的にずっと用いられている教え方は，古い教え方である可能性が高い。たとえ経験の豊富な教師であっても，10年前と同じ教え方をしているとしたら，教授法の進歩にはついていっていないと考えられる。それほど，言語の指導法は変わっているのである。また，学習者の多様性を考えると，単一の教え方がすべての学習者や学習環境で同様に有効に働くとは考えにくい。そのような教え方が本当に存在するなら，新たな教授法が提唱される余地はないはずである。

第3に，教科書にある教え方や，言語項目の提示順は絶対的なものではない。形態素習得研究で明らかになったように，言語習得には，指導や学習者の特性に左右されない自然な習得順序や発達順序が存在する。そして，その順序は，教科書で導入された順番とは一致しないことのほうが多い。つまり，言語学者や教育者が考える文法の難易度は，必ずしも習得難易度とは一致しないのである。したがって，説明をし，文型練習をした直後には，一見使えているように見える文法項目も，実際のコミュニケーション場面では使えていなかったり，1，2週間も経つと忘れてしまったりするのは不思議なことではない。このような現象は学習者が怠け者であるとか練習が足りないからではなく，第2言語習得過程では，必然的に起こる現象なのである。したがって，教師は学習者が，教えたはずの言語項目を完全に習得していないからといって，それが学習者の勉強不足によるものと決めつけるべきではなく，学習困難な理由をより客観的に分析する必要がある。

第4に，誤用は習得過程で必然的に起こるものであり，それは単に学習

者の理解不足を示すだけではなく，学習の思考や仮説を表わす場合があることを理解する必要がある。誤用と正用を細かく見ることで，学習者が今何を考え，どのようにして誤用を産出したのかが分かるから，より適切なフィードバックを学習者に与えることができるのである。その一方で，学習者の誤用を放置しておくと，誤った形式が定着化する可能性があるから，教師は定着化しないように適切なフィードバックを与える必要がある。

　第5に，教師は質の高いインプットを提供する必要がある。教室活動では，目標言語のインプットの多くは教師の発話や教材を通して与えられることが多い。第1言語でも第2言語でもインプットは言語習得に不可欠であることを考えると，教師は学習者の習得を促進するインプットを与えなければならない。例えば，学習者に理解してもらえないという理由から，過度に自分の発話を簡略化してしまうと，自然なインプットを提供できなくなったり，学習者が学習すべきインプットが含まれなくなったりすることがある。したがって，教師は常に学習者が自分の与えるインプットから何を獲得できるのかを念頭に置いて，インプットの与え方を工夫しなければならない。

　そして，教師は学習者に十分な発話の機会を与えなければならない。先にも述べたように，言語を習得するためには暗示的知識の獲得が重要であり，そのためには多くの時間と練習を要する。教室活動の中で，ただ聞いているだけでは，理解はできても運用につながらないし，学習者の言語運用を促す機会を教室活動に多く取り入れることは，非常に重要なのである。

　最後に，言うまでもないことであるが，指導は学習者のモチベーションを上げ，持続させるものでなければならない。学習動機や不安感などの情緒的要因は第2言語習得の成功に大きく関与する。学習者にとって，相手の発話が理解できないことや自分の発話が理解されないことは，大きなストレスとなるが，このようなストレスに負けず，学習を楽しみ，言語を習得することに価値を見いだせる学習者は，より能動的に，そして効率的に学習を続けることができるのである。

第2章

コミュニケーション能力とは

1. はじめに

　外国語を使って日常会話ができるようになりたい，留学したい，仕事ができるようになりたい，SNSで母語話者とつながりたい，研究論文が読めるようになりたいなど，第2言語を学ぶ目的は人によって様々である。しかし，話し言葉か書き言葉か，学習方法，レベルは異なるものの，いずれも，コミュニケーションの手段として，第2言語を獲得するという点では変わりがない。そのため，多くの言語教育機関では，コミュニケーション能力の育成を目的として掲げている。では，コミュニケーション能力とは何かと問われると，場面に応じて適切に言語運用ができる能力というような答えは返ってきても，具体的にその構成要素は何なのか，言語で何がどの程度できればよいのかという点については，はっきりした回答を得るのは難しい。また，コミュニケーション能力を育成するために，どのような指導をして，どのような能力を伸ばすべきかについては，教育機関によって異なる。そこで，本章では，コミュニケーション能力とは何かについて説明を試みた研究を概観し，第2言語におけるコミュニケーション能力とその育成のあり方について考える。

2. Hymes の定義

　コミュニケーション能力（communicative competence）という概念を最初に提唱したのは，Hymes（1972）である。Chomsky（1965）は，実際の言語使用（linguistic performance）では，言い間違いや不完全な表現などが存在するが，母語話者は，直感的に正用・誤用の判断ができ，今まで聞いたこともない文を無限に産出する能力を持っていること，また，実

際の言語使用では，言い間違い，言いよどみ，言い換えなど，文法的とは言えない様々な発話が含まれるが，幼児は脳が発達していないにも関わらず，生まれてから5年程度で複雑な言語を獲得し，創造的に使えることを指摘した。そして，言語使用では，母語話者の言語能力（linguistic competence）を表わすことができないとし，言語学で研究対象とすべきものは，言語能力であり，それは理想的な母語話者に内在する文法的システムだと主張した。

　これに対して，人類学者・社会言語学者であったHymes（1972）は，Chomskyの理論は言語能力を説明するには以下の理由で不十分であると批判した。まず，Chomskyの理論では，様々な文脈で言語を媒介して意味を理解し，伝達することを可能にする能力の説明ができない。次に，Chomskyでは，バリエーションが全くない言語共同体と理想的な母語話者が想定されているが，単一のバリエーションしか存在しない言語共同体は存在せず，理想的な母語話者も存在しない。さらに，幼児は「正確さだけではなく適切さも学び，いつ話すか話さないか，だれと，いつ，どこで，どのように，何について話すかに関する能力を獲得する。つまり，幼児は様々な発話行為を習得し，会話場面でそれを運用し，会話参加者を通じて自分の言語運用を評価することができるようになる」（p. 277）のであり，言語能力と言語使用を区別することは妥当でない。以上のことから，Hymesは，言語能力には，社会文化的文脈に応じて，言語行為遂行の妥当性，発話の適切さや効果などを判断し，運用を可能にする能力が必要だとし，これをコミュニケーション能力と定義づけた。

　Hymesのコミュニケーション能力は母語話者を対象としたものであったが，この概念は，第2言語教育の分野で注目されることとなり，コミュニケーション能力とは具体的にどのような能力によって構成されるのかについて様々な提案がなされた。次節からは，第2言語におけるコミュニケーション能力の代表的な定義について説明する。

3.　Canale & Swain のモデル

　Canale & Swain は，コミュニケーション能力の構成要素は，言語能力，

社会言語能力，談話能力，そして方略的能力の4つであるとした（Canale, 1983; Canale & Swain, 1980; Swain, 1984）（図2-1）。言語能力とは，語彙，発音，形態素，文法，意味など，正確な文を産出し，正用か誤用かの判断をするために必要な知識である。社会言語能力とは，様々な社会文化的文脈で，言語を適切に使用し，理解するための規則に関わる知識であり，社会文化的に適切なスタイルや語彙，スピーチレベルなどに関する知識が含まれる。談話能力とは，文をつなげて，様々なジャンルでまとまりのあるテクストを構成する能力である。そして，方略的能力とは，コミュニケーション能力のほかの要素が十分でないために起こる，コミュニケーション上の問題を解決するために必要な言語的・非言語的方略に関する知識であり，より効果的に言語を運用するためにも使われる。

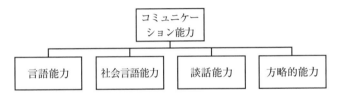

図2-1　Canale & Swain（1980）におけるモデル

　Canale & Swain のモデルは，SLA 研究と第2言語評価の分野に大きな影響を与えたが，能力と知識が区別されておらず，構成要素間の関係も不明である。そのため，知識がどのように運用されるのかが分からない。また，同じ構成要素でも，文脈によって運用能力には違いがあるが，これが説明できないなどの批判もある（Savignon, 1997）。

4.　Bachman & Palmer のモデル

　Bachman（1990），Bachman & Palmer（1996）は評価の観点からより包括的なコミュニケーション能力のモデルを提示し，これをコミュニカティブ言語能力（communicative language proficiency）と呼んだ。このモデルでは，コミュニカティブ言語能力は言語能力，世間一般に関する知識体系，そして，方略的能力で構成されるが，そのほかにも，個人的特

性，感情スキーマ，認知ストラテジーなど様々な要因（心理生理学的メカニズム）が言語使用の場面の状況と作用しあうことを示している（図2-2）。ここで言う言語能力とは，今まで聞いたことも話したこともない言語表現を処理・産出する能力であり，そのために必要な様々な知識（言語知識）で構成されている。また，方略的能力とは，ある状況でコミュニケーションの目標を達成するために必要な情報や言語能力を特定する，対話相手との共有知識や相手の能力を分析する，そして，自分の心理的，生理的状態を鑑みて，発話を構成し，その効果を評価する，といった言語使用全体を管理するメタ認知的な機能を果たす能力であり，Canale & Swainのコミュニケーションに支障が起こった時に補充的な機能を果たす能力とは異なる。

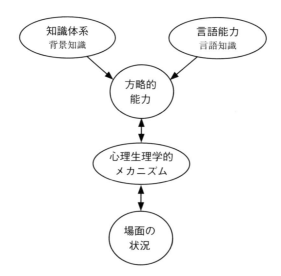

図2-2　コミュニカティブな言語運用におけるコミュニカティブ言語能力
　　　　（Bachman, 1990: 85, 筆者訳）

　また，Bachman & Palmer（1996）は，Canale & Swainよりも詳しい言語知識の構成要素を示している（図2-3）。このモデルでは，言語知識は，文やテキストを構築するのに必要な構成知識，そして，適切な言語を産出

するのに必要な語用論的知識に分類される。構成知識は，さらに，語彙，文法，音韻・表記など文を構築するために必要な知識である文法知識，結束性や談話構造・文章構造などまとまったテクストを構成するために必要なテクスト知識に分けられている。語用論的知識は，Halliday（1973）の言語機能の観点から Austin（1962）の言語行為を説明した機能的知識と，社会言語学的に適切な用法に関する社会言語学的知識に分けられ，前者は命題，情報，感情を表わす観念的機能，対人関係の維持や周囲への働きかけ，何かを達成するといった操作的機能，質問や学習を通し，世界に関する知識を広げる発見的機能，そして，ジョークを言ったり詩を書いたりするなど美的，創造的目的を果たす創造的機能で構成される。社会言語学的知識は，方言や世代・文脈によって異なるバリエーション，スタイル，自然さや慣用表現，その文化固有の意味や言い回し，比喩などに関する知識が含まれる。

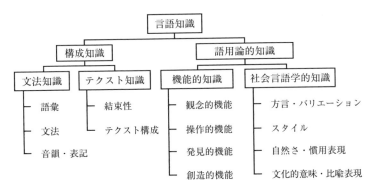

図 2-3 Bachman & Palmer（1996）における言語知識

　Bachman & Palmer のモデルは，能力と知識を分け，その関係をより明確に示している。また，コミュニカティブ言語能力は，言語能力，世間一般に関する知識体系，方略的能力，心理生理学的メカニズム，場面の状況や文脈などの外的要因の影響を受けるとし，様々なコミュニケーションにおける言語運用能力を包括的に説明できる点で優れている。

5. Celce-Murcia のモデル

　言語評価のために提唱された Canale & Swain（1980）や Bachman & Palmer（1996）のコミュニケーション能力のモデルでは，構成要素がそれぞれ独立の知識や能力であると考えられている。Celce-Murcia（1995, 2007）は，Canale & Swain の談話能力や社会言語能力が独立した能力と言えるかなど，モデルの構成要素の妥当性に疑問を呈している。また，Bachman & Palmer の機能的知識が方略的能力から独立している点について，実際の言語運用において，スキルと知識は相互に関わりあうため，区別は困難だと述べた。そして，これらのモデルは評価法の観点では有効であるが，言語教育には当てはめることが難しいと主張し，言語教育に応用できる新たなコミュニケーション能力のモデルを提唱した（図 2-4）。

　Celce-Murcia のモデルは社会文化能力，談話能力，言語能力，フォーミュラ能力，インターアクション能力の 5 つの構成要素と，方略的能力からなる。社会文化能力とは社会文化的文脈で適切に発話をするための能力である。この能力の運用には，目標言語話者グループに関する背景知識，比較文化意識，方言や地域性に関する知識が必要である。加えて，参加者の年齢，性別，地位，参加者間の関係性を踏まえ，目標言語の社会文化的規範に従って，適切なスタイルやジャンル，ポライトネス・ストラテジーが選択できなければならない。

　談話能力とは語彙や文法，表現を選択し，適切に構成し，まとまりのあるメッセージを伝達する能力である。この能力の運用には，接続詞，語彙連鎖，省略，言い換え，照応関係など，連結性に関する知識や，人称，「こそあど」，「わたし」「あなた」など文脈を通して対象物が特定できる表現に関する知識，内容や談話構成の一貫性に関する知識などが必要である。

　言語能力は，Canale & Swain と同様，語彙，音韻，形態素，文法を用いて，文を産出する能力である。一方，フォーミュラ能力は，「おはようございます」などの固まり表現，「シャワーを浴びる」などの強い共起関係を示すコロケーション，「足をひっぱる」などの慣用句や，「～がない」などの語彙フレーム（Kageyama & Kishimoto, 2016）といったいわゆる定式表現を使う能力である。近年，フォーミュラ能力は，自然さに深く関

与する能力であり，母語話者が多用すること，上級学習者であっても，発達していないことが指摘されている（Wray, 2008）。

インターアクション能力とは，会話の開始・終結，話題の提示・転換，発話権の取得・維持・移譲のほか，会話に割り込む，ジェスチャーやあいづちなどを使うといった会話を進めるために必要な能力である。この能力には，様々な発話行為を遂行する能力や発話権の取得や交替などを円滑にする能力が必要である。

Celce-Murciaの方略的能力とは，学習ストラテジーやコミュニケーション・ストラテジーを指し，知識の運用を統括するBachman & Palmerの定義とも，コミュニケーションに支障が起こった場合の補償ストラテジーというCanale & Swainとも異なる。Celce-Murciaのモデルでは，コミュニケーション能力の構成要素は経験を通して習得されていくものだと考えられており，そのため，方略的能力はこれらを支持する能力だと位置づけられている。

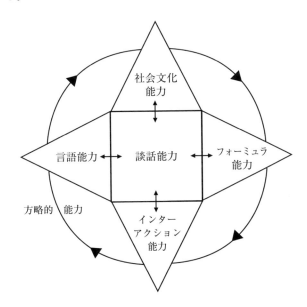

図2-4　コミュニケーション能力のモデル（Celce-Murcia, 2007: 45，筆者訳）

6. 母語話者のコミュニケーション能力

　Hymes（1972）のコミュニケーション能力の定義は，第2言語学習者のコミュニケーション能力のモデルを構築するきっかけとなっただけではなく，母語話者のコミュニケーション研究にも影響を与えた。

　第2言語学習者と違い，成人母語話者はBachman & Palmerのモデルで示されたような言語知識を有している。したがって，場面や文脈によって正確に，そして適切に言語行為を行ない，まとまりのある談話やテクストが構築でき，対話者の言語行為や微妙なニュアンスも理解できると考えられる。そのため，母語話者のコミュニケーション能力について重要視されるのは，効果的かつ適切なコミュニケーションを進めるためには何が必要かという点である。例えば，Wiemann（1977）は母語話者のコミュニケーション能力で最も中心的な役割を果たすのが，インターアクションの調整能力であると主張した。Spitzberg & Cupach（1984）とSpitzberg & Hurt（1987）は，インターアクションの調整能力，相手への注目，興味，適応を示す他人指向性，平穏な態度，そして，ユーモアや表情で表わす豊かな表現力がコミュニケーション能力のグローバルな要素であると述べた。また，Greene（2003）は，コミュニケーション能力の構成要素として，非言語コミュニケーション能力，談話能力，会話能力，伝達能力，受容性，そして，印象調整能力などをあげている。

　さらに，Rickheit, Strohner, & Vorwerg（2010）は，コミュニケーション能力には，表現力と適切さが重要であるとしている。話者は，メッセージの伝達者として，状況を的確に判断した上で，コミュニケーションの目的を設定し，その状況でどのように言語化すべきかを計画して，適切で効果的な言語的・非言語的手段を用いて伝えなければならない。一方，メッセージの受け手である聞き手は，相手の表情や態度から，字義通りの意味か言外の意味かを判断し，話者の意図を的確に推測する必要がある。このようなやりとりを支えるために，対話者は世間一般の知識，文化的スキーマや状況モデルに関する知識，言語知識，非言語情報に関する知識，自己の心理的・生理的状態の表わし方を知っているだけではなく，相手の意図，感情，態度，意見や知識を把握する能力が必要であるという。

以上，母語話者のコミュニケーション能力の定義は，様々な状況においていかに効果的なコミュニケーションができるかに焦点が当てられている。その結果，コミュニケーション研究も，ビジネス・コミュニケーション，メディア・コミュニケーション，ジャーナリズムなど様々なジャンルにおけるコミュニケーションの過程が研究対象となっている。

7. コミュニケーション能力の獲得を支援する指導とは

　本章では，第2言語教育の目的としてたびたび掲げられる，コミュニケーション能力について，その定義を試みた研究を概観してきた。第2言語学習者を対象とした研究では，いずれも，語彙，音声，文法といった言語知識や，言語知識を使う能力が含まれているが，それはあくまでも複数の構成要素の1つとして捉えられており，目標言語の文化における言語使用に関する知識，社会的に適切な言語使用をするための知識や，談話を構成するための知識，会話を進めるための方略なども重要な要素と考えられている。さらに，母語話者の場合，より効果的で適切なコミュニケーションを行なうための方略も検討され，言語だけでなく，非言語情報の伝達と理解も重要な要素である。

　日本語教育においても，コミュニケーション能力の育成は重要だと言われるが，実際には言語知識の指導に多くの時間を費やし，そのほかの構成要素を重視した指導はあまりなされていないのではないだろうか。また，言語知識の中でも，文法は重視されるが，語彙や音声に授業時間を割くことは少なく，学習者の自学に任せられている。この一因として，文法は，言語項目の中でも，正用・誤用が分かりやすく，語彙のように数が膨大なわけでもないため，比較的指導しやすいことが考えられる。また，教師も文法知識については，文法書などを通して，比較的容易に学ぶことができるが，そのほかの知識について情報を得ることは文法ほど容易ではないことも影響しているかもしれない。さらに，初級では学ぶことが多いので，文法を中心に教え，談話や社会言語学的側面は，中上級になってから教えてもよいというビリーフがあるのかもしれない。

　けれども，学習者のコミュニケーション能力の育成を目的とするなら

ば，経験やビリーフに頼って指導をすることについて，疑問を持ったほうがいいのではないだろうか。経験から学べるものはたくさんあるが，同様に，経験に頼りすぎると，固定的な指導しかできなくなるし，新しい指導法や教育理論に柔軟に対応できなくなるという危険も存在する。したがって，客観的な立場に立って，コミュニケーション能力とはどんな能力か，コミュニケーション能力の習得には，文法から語用へというような習得順序があるのかについて検討してみることも必要ではないだろうか。その上で，コミュニケーション能力を育てる指導をするためには，習得のどの段階で，どの要素を，どのように指導していくのか，シラバスや指導法を考えていくべきではないかと考える。

第3章

カリキュラム

1. はじめに

　日本語教師として就職すると，自分の担当授業について教科書を選び，予定表を作り，何をどう教えるか計画を立てることになる。しかし，どんなによい授業計画を立てても，自分が担当する授業の前のレベルの授業とうまく連携できていなければ，学習効果が上がらないこともある。また，時には，自分の授業だけではなく，その機関の日本語プログラム全体について計画を立ててほしいと言われることもある。自分の授業だけでも大変であるが，機関全体となると，自分以外の教師も関わるし，失敗をすると大きな経済的損失や学習者の減少につながってしまうこともあり，責任は重大である。本章では，このような場合どうすればいいのかを考え，カリキュラムの立て方について検討する。

2. カリキュラム開発
2.1 カリキュラムとコースの定義

　カリキュラム（curriculum）とは，一般的に「一定の期間内に特定の教育目的を達成するために必要な教育内容をどう学習させるか，総合的に計画されたもの」を意味する。カリキュラムには，だれを指導するか，指導目的は何か，何をどのように指導していくか，そして，その効果をどのように評価するかなどについての記述や，指導計画・教育課程・時間割などが含まれる。カリキュラムは，「英語のカリキュラム」のように特定の教科について作成される場合もあるが，「小学校のカリキュラム」というように教育機関でのすべての教科を含む場合もある。

　カリキュラムは，もともと1つの教育機関について計画されるもので

あったが，現在では，一教育機関にとどまらず，地域や国レベルのカリキュラムを作成することもある。例えば，オーストラリアには幼稚園から小学校の，イギリスには小中学校のナショナル・カリキュラムがある。これは，カリキュラムに反映される教育理念が，地域社会の文化的社会的価値観を反映することが少なくないからである（Jackson, 1992; Pinar et al., 2004）。このような広義のカリキュラムの捉え方は，日本の学習指導要領などにも見られる。

　カリキュラムと似た言葉にコースがある。コースとは，1つの科目のことである。すでに述べたように，カリキュラムには，国，機関，専攻，教科など様々な規模のものがあるが，その一番小さいものは1コースからなるカリキュラムである。例えば，インターンシップで海外に派遣する者のために行なう現地語の特別研修などは1科目でされることが多いが，これもカリキュラムと言える。このような場合，カリキュラムとコースは同じものを指すことになる。

2.2　カリキュラム開発の歴史

　カリキュラム開発（curriculum development）とは文字通りカリキュラムを開発することである。Richards（2001）は第2言語・外国語教育におけるカリキュラム開発を以下のように定義している。

>　Curriculum development focuses on determining what knowledge, skills, and values students learn in schools, what experiences should be provided to bring about intended learning outcomes, and how teaching and learning in schools or educational systems can be planned, measured, and evaluated. Language curriculum development refers to the field of applied linguistics that addresses these issues. It describes an interrelated set of processes that focuses on designing, revising, implementing, and evaluating language programs.（p. 2）
>
>　（カリキュラム開発は，学校で学生にどのような知識，技能，価値観を学ばせるか，学習目的を達成させるために，どのような学習経験

を提供するか，そして，学校や教育システムの中で，どのような指導と学びを計画し，測定し，評価するかということに焦点を当てる。言語カリキュラム開発は，これらの課題に取り組む応用言語学の分野を指し，言語プログラムのデザイン，修正，遂行，評価の過程について描写する。(筆者訳))

1950年代頃までは，第2言語や外国語の指導は，文法や語彙を中心とした教授内容（シラバス）と，教授法を中心とした指導計画をもとになされていた。しかし，1960年代になって，欧米では，科学者，医者，看護師，エンジニア，ビジネスマンのための英語教育など，特定の目的のための英語教育（English for Specific Purpose, ESP）の必要性が唱えられるようになり，これらの分野で必要とされる言語や学習者のニーズなどの分析を通して，ESPのカリキュラムを開発する必要性が高まった（Richterich & Chancerel, 1980)。これをきっかけとして，1970年代以降，初めはESPといった比較的小さい範囲で行なわれていたカリキュラム開発が，教育機関の外国語プログラムにおけるカリキュラム開発，さらには，地域の言語教育，国全体の言語教育にまで広がっていった（Howatt, 1984)。その結果，今日カリキュラム開発の規模は，特定の教科に関わるごく小規模のものから，国の言語教育といった大規模なものまで様々となっている。

2.3　カリキュラム開発の流れと構成要素

言語教育のカリキュラム開発は，具体的にどのようになされるのであろうか。Johnson (1989) は，第2言語教育プログラムのカリキュラム開発には，カリキュラム目標や方針を立てるカリキュラム計画の段階，カリキュラムを作成する段階，教材作成，指導計画など実施計画を決定する段階，授業で実践する段階があり，それぞれの段階で，複雑な作業を要する意思決定がなされると述べている（表3-1）。また，Johnsonは，この膨大な作業を1人でやることは困難であるため，複数の担当者で役割を分担する必要があるとしている。Johnsonのモデルでは，指導の質を保証するための，教員養成などもカリキュラム開発の一部に組み込まれている。

表3-1 Johnson（1989）のカリキュラム開発の段階，意思決定役割とその成果

開発段階	意思決定役割	成果
1. カリキュラムの計画	方針の決定権を有する者	カリキュラム目標・方針
2. カリキュラムの作成（開始から終結まで）	ニーズ分析担当者	シラバス
	指導方法論の専門家	
3. 実施計画の構築	教材作成者	教員養成プログラム
	教員養成者	
4. 授業での実践	教師	指導
	学習者	学習

　Richards（1984）は，カリキュラム開発は，①社会文化的文脈や当該教育機関が目的とする使命，施設，経済，教師などの学習環境に関する調査，②学習者のニーズやレディネスの調査，そして，③学習者が習得すべき言語項目の調査が必要であるとしている。その上で，学習目標を設定し，授業科目のデザイン（コース・デザイン）をすることを提唱している。コース・デザインの段階では，教育内容（シラバス）を決め，教授法や教材の選択，指導計画の構築，具体的な指導案など，指導方法について計画する。そして，コース・デザインで作成した授業計画を実際の授業で行ない，指導効果を評価する。評価結果は，学生へのフィードバックや授業の改善に活かしていくことが必要だとしている。図3-1は，この考えに基づいた言語プログラムにおけるカリキュラム開発の流れを示したものである。

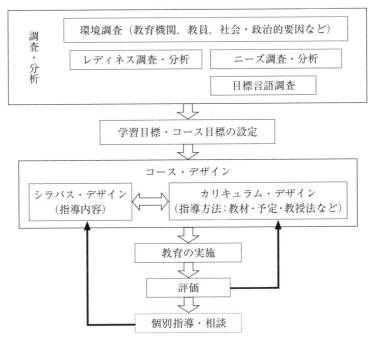

図3-1　カリキュラム開発の流れ

　このモデルは，今日の日本語教育におけるコース・デザインにも応用されているが，学習目標を立てるまでの段階とコース・デザインとが分離している。コース・デザインに取り掛かる前に，十分な情報収集をすることを前提としているため，実施までに時間がかかる。その一方で，一度学習目標が設定されると，コースはデザイン，実施・評価を周期的に繰り返すことによって改善されていくから，学習目標が変わらないかぎり，コース・デザインを組織的に改善していくことができる。しかし，実施している途中で，学習環境や学習者のニーズが変わっても，この変化にすぐに対応することは難しい。
　これに対して，Nation & Macalister（2010）は，カリキュラム開発の様々な構成要素を相互に連結させたモデルを提唱している（図3-2）。このモデルでは，学習目標を中心として3つの領域をもつ内側の円がある。そ

の外側に，さらに3つの円があり，内側の円と外側の円が連結されている。

　外側の3つの円は，Richardsの調査・分析に対応し，環境分析とニーズ分析が含まれるが，それ以外に，第2言語教育と学習の原理がある。これは，第2言語学習の研究成果から導き出された原理であり，カリキュラム開発における理論と実践をつなげ，研究成果を実践に活かすことの重要性を示している点で，従来のモデルとは異なる。

　内側の円は，学習目標が中核にあり，指導内容と順番，指導のフォーマットと提示形式，そして，指導経過のモニタリングと評価を表わしている。内側の円は，Richardsの学習目標とコース・デザインに対応する[1]。

　最後に，一番外側の大きな円はプログラム評価を表わしている。

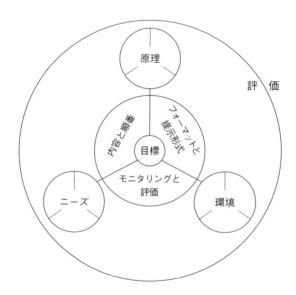

図3-2　カリキュラム開発過程のモデル（Nation & Macalister, 2010: 3，筆者訳）

　Nation & Macalisterのモデルは，学習目標設定までの段階とコース・デザインの段階が分かれていない。学習目標は，コース・デザインの中核

1　Nation & Macalister（2010）では，内円のすべてを総称してシラバスとしているが，本書では，混同を避けるため，シラバスは指導内容を指すものとする。

となり，学習環境，ニーズ，学習原理の影響を受けるとした点で，カリキュラム開発の構成要素が相互に影響しあうことを示している。そのため，図3-1のモデルよりも，より柔軟なカリキュラム開発が可能であることを示唆している。

次項から，Richards（1984）や Nation & Macalister（2010）で提唱されているカリキュラム開発の主要な構成要素のうち，Richards の調査・分析，Nation & Macalister の外側の円に当たるものに焦点を当てて説明する。コース・デザイン，実践，評価については，別の章で扱う。

2.3.1 環境分析

環境分析とは企画中のカリキュラムがその教育機関で施行された場合，その効果に影響を与える教育現場の要因を探ることを目的とした調査である（資料3-1参照）。この要因は，政治的，社会的，経済的な教育機関を超えた外的要因であったり，機関特有の内的要因であったりする。環境分析は，教師が1人で教えているような学校では，すでに状況をよく知っているので，必要性はないかもしれないが，多数の科目からなるコースや新設コースなどでは，ニーズ分析の結果を活かすために必要である。たとえ，ニーズ分析に基づいて，新しい教授法や教科書を採用したとしても，そこで働く教師がその教授法や教科書について十分理解していない場合，教師の負担が大きくなるばかりか，学習目標を達成できない可能性もある。

環境分析で調査する外的要因には，次のようなものがある。

1. その地域における外国語教育の位置づけや目的
2. その地域や機関でこれまでなされてきた言語指導や言語教育に関する方針
3. 対象学習者を取り巻く地域の仕事関係者，家族，住民の第2言語学習や教育に関する一般的な考え
4. カリキュラムを開発することになった理由
5. カリキュラム開発に対する賛成，反対意見
6. 外部からのカリキュラム開発に必要な経済的支援の有無と取得

可能性
7. 外部からのカリキュラム開発に必要な資源の有無と取得可能性

また，内的要因としては次のようなものが考えられる。

1. 学内における外国語教育の位置づけ
2. ほかの教科，専門のカリキュラム，及び専門家との関係
3. 現行のカリキュラムや新しいカリキュラムの開発に対する上層部の考え方（支援のレベル，関与，感心など）
4. 現行のカリキュラムや新しいカリキュラムの開発に対する教員の考え方（現在のカリキュラムの問題，新しいカリキュラムの開発に対する支持など）
5. 上層部と教員の関係性
6. カリキュラム開発担当者の特性（人数，開発経験，知識，技能，モチベーション，リーダーシップなど）
7. 教員の特性（教員数，日本語能力，指導経験，指導技能，知識，指導に対する熱意，教授法や指導に関するビリーフ，常勤と非常勤の割合，各教員の授業時間数と担当教科数など）
8. 学習者の特性（カリキュラム全体の学習者数と各科目の履修者，母語，年齢などのバリエーション，学習動機の強さ，外国語教育や教師の役割に対する考え方など）
9. 機関内の施設（教室の広さ，騒音，椅子の配置，教材，視聴覚機材，テクノロジー，図書など）
10. 当該教育プログラムの財政状況と財源
11. 施設や教材などカリキュラム開発に必要な資源の有無と取得可能性
12. カリキュラム開発がもたらす教育効果
13. 現行のカリキュラムと新しいカリキュラムの規模の違いと遂行者への負担のレベル
14. 新しいカリキュラムの実現可能性や先行モデルの有無

環境分析を行なうためには，地域社会や日本語教育に関する様々な文献や統計調査のほか，教員や上層部に対するインタビュー，現在のカリキュラムの分析などを多角的に行なう必要がある。

2.3.2 ニーズ分析・レディネス分析

ニーズ分析は学習者が第 2 言語を円滑に機能させるために習得したい，あるいはしなければならない能力と，必要であるが学習者がまだ習得できていない能力を探り出すことを目的とする。レディネス分析は，学習者が指導を受ける前に有している言語能力や学習経験，外国語学習におけるビリーフ，学習スタイル，適性，そして，学習における経済的，時間的制限などに関する調査である（佐々木（編），2007; 田中，1988）。ニーズ分析とレディネス分析は多くの場合，一緒に行なわれ，レディネス分析の結果からニーズを明らかにすることもあるため，この 2 つを厳密に分けず，ニーズ分析の一部にレディネス分析を含めることが多い（Brown, 2016; Richards, 2001）。その結果，「ニーズ分析」という用語はニーズ分析とレディネス分析の総称として用いられることも多い（Brown, 2016; Nation & Macalister, 2010）。

ニーズ分析の対象は学習者であることが多いが，それだけにとどまらない。例えば，年少者の場合，自分のニーズが何か分からないこともあるし，また職場や大学の専攻プログラムなどでは，学習者が感じていなくても，上司や同僚，専攻の教員が必要だと考えている言語使用場面や，その場面で必要とされるスキルがある。したがって，ニーズ分析では，学習者だけではなく，学習者の言語運用によって何らかの影響を受ける周囲の人間をも対象とする（Richards, 2001）。具体的には，現在履修をしている学習者，過去に履修した学習者，これから履修する学習者のほか，保護者，職場の上司，職業訓練所の教官，事務員，学者や専門教員など，学習者の年齢や職場などによって様々な人が対象となる。

ニーズ分析の主な調査内容には，次のようなものがある。

1. 第 2 言語を学習する目的

2. 第2言語を使用する場面や活動とコミュニケーションの目的
3. その場面で使用することが重要な言語技能やスキル
4. その文脈で言語使用をする重要性，言語使用ができない場合の社会文化的影響や対人関係の問題
5. 現在の学習者の能力と必要とされる能力とのギャップ
6. 学習者が習得困難と考える技能や言語知識
7. 現在のカリキュラムやシラバス，教材やアクティビティなどに対する学習者の意見

　ニーズ分析は質問紙を用いて行なわれることが多いが（資料3-2参照），学習者や学習者を取り巻く母語話者に対するインタビュー，言語使用場面での母語話者の会話データ，学習者と母語話者の会話データなどを用いて行なうこともある。そのほか，現在使用している教材や教案，テストを分析することもあるし，授業観察から情報を得ることもある。

　レディネス分析とは学習者が授業を受ける前の言語能力，言語使用場面や機能，また，学習者の言語学習に対するビリーフや学習スタイル，家で勉強に使える時間，学習環境，授業に出席できる日数など学習者が学習するためにできることやできないことに関する調査である。レディネス分析の対象者も多くの場合，学習者自身であるが，学習者と言語使用場面で関わる母語話者からの情報も収集することがある。また，情報収集の手法としては，ニーズ分析の一部としてアンケートが行なわれるほか，学習者の自己診断評価，過去のテストの結果や，過去に指導した教員へのインタビューなども情報源として使われる。レディネス分析の内容として次のようなものがある。

1. 学習者の現在の言語知識や言語能力に関する自己評価
2. 言語テストの結果
3. 学習者の言語学習経験
4. 過去に使用した教科書と教科書に対する評価・ビリーフ
5. 学習者が好きなタスクやアクティビティ

6.　履修可能な授業時間数，宿題をするために使える時間数
　　7.　学習者が使用するテクノロジーやメディアなどの機器

　ニーズ分析・レディネス分析はカリキュラム開発のための基礎情報を提供するが，それだけではなく，現行のカリキュラムで指導を行なう教師や，教科書開発者，テスト開発者などにも，重要な情報を与える。また，ニーズ分析は，中学校から高校，高校から大学へと指導の連携がうまくいっているかどうかを検証する材料としても有効である。例えば，大学と高校の日本語の指導内容に著しいギャップがあると，高校で3年間日本語を勉強しても，大学では希望レベルの日本語科目を履修できなかったり，極端な場合，初級からやり直さなければならなかったりするということもある。このような場合，双方がお互いの学習者のニーズを把握することで，相互に連携可能なカリキュラムを構築し，ギャップを埋めていくことが可能となる。

2.3.3　目標言語調査

　ESP が注目され始めた 1960 年代は，特定の分野で必要とされる言語や技能にはどのようなものがあるのかは解明されていなかった。そのため，各分野で用いられる語彙，文法，機能などについて調査をし，指導項目を決定する必要があった。目標言語調査とは，特定の分野で必要とされる言語に関する調査で，言語使用場面，言語機能，コミュニケーションの目的，発話行為，文法，語彙，定式表現などについて分析がなされる。

　目標言語調査では，そのジャンルで使用される文書，会話データ，メディアなどを分析する必要がある。近年は，分野によっては，大規模コーパスを用いて，専門辞書づくりや，特定の分野で使用されやすい表現や文法項目を抽出することが可能になってきており，より客観的な目標言語に関する情報を提供できるようになっている。

2.3.4　教育・学習原理

　Nation & Macalister（2010）は，これまでのカリキュラム開発は，カ

リキュラム理論や研究成果に基づいてなされることが少なかため，組織的なカリキュラム開発がなされにくく，開発者の経験や見解に左右されることがあったと指摘している。この問題を解決するために，Nation & Macalister は，SLA 研究の成果をもとに，次の 20 の言語教育原理を提唱している（pp. 38–39）。

《内容と順番に関する原理》
1. 頻度：学習者の学習努力を最大限に活かせるように，指導内容には高頻度かつ広範囲で使用される言語項目を選択すべきである。
2. 方略と自律性：自律学習を支援するために，学習ストラテジーや，自己の学習過程を意識し，モニターする方略を指導すべきである。
3. 提示間隔：様々な文脈で既習項目に注意が向けられるよう，既習項目は徐々に間隔をあけて繰り返し提示すべきである。
4. 言語システム：応用範囲が広い言語項目に指導の焦点を当てるべきである。
5. 継続的な前進の支援：授業では，有用な言語項目，機能，学習方略を徐々に導入すべきである。
6. 指導可能性：指導項目は，学習者が習得可能な段階で，学習者が最も学習しやすい順番で導入すべきである。
7. 学習の負荷：学習者が最大限背景知識を学習に活かせるような指導をすべきである。
8. 干渉：複数の学習項目を導入する際，同時に学習することで学習効果が上がるような順番で導入すべきであり，同時に学習すると混乱をきたすような状況に陥らないように注意しなければならない。

《形式と提示に関する原理》
1. 学習動機：学習者の学習意欲や興味を喚起し，学習に対して価値を感じさせるような指導をしなければならない。
2. バランス：意味中心のインプット，形式の学習，意味に注意を

したアウトプット，流暢さを支援する活動が均等に配分されるようにしなければならない。
3. 理解可能なインプット：リスニングや読解では学習者が興味を持つ大量の理解可能なインプットを可能なかぎり提供しなければならない。
4. 流暢さ：既習項目の理解と産出が流暢に行なえるような活動を指導に盛り込まなければならない。
5. アウトプット：学習者には，様々な種類のテクストや談話を産出させるよう指導しなければならない。
6. 意図的学習：言語知識に焦点を当てた活動を指導に取り入れるべきである。
7. 時間配分：学習者には第2言語を使用し，第2言語に注意を向けさせる活動のために，できるかぎり多くの時間を使うべきである。
8. 処理負荷：できるだけ深い言語処理をさせる指導をするべきである。
9. 総合的動機づけ：学習者が第2言語，第2言語の文化や人々に対して好意的な姿勢を持ち，教師の指導や学習に対して肯定的な態度を維持できるような指導をしなければならない。
10. 学習スタイル：学習者が自分の学習スタイルに最も合う学習方法を使えるような指導を取り入れなければならない。

《モニタリングとアセスメントに関する原理》
1. 継続的なニーズ分析と環境分析：指導内容の選択，順番，指導法，そして評価は，継続的なニーズ分析と環境分析に基づいてなされなければならない。
2. フィードバック：学習者の言語使用の質を上げるようなフィードバックを学習者に提供しなければならない。

2.3.5 学習目標の設定

一般的に，学習目標は，目的（aim）と到達目標（objectives）との2

段階で設定される。目的とは,その教育機関で学習者が獲得することができる成果を表わし,到達目標とは,その目的が達成された場合,観察できる能力や言語行為を表わしたものである。目的や到達目標の設定は,教育プログラムの大きさと複雑さによって変わってくる。1科目だけしかないプログラムであれば,その科目を修了したとき,学習者が獲得すべき能力や学習者ができるはずの言語行為の記述を目的とし,それがどのような文脈で観察できるかといった観察可能な到達目標を記述する。例えば,アカデミック・ジャパニーズ・コースでは次のような目的と到達目標を設定することが可能である。

　　目的：日本語の講義についていけるようになること
　　到達目標：
　　　1.　講義のメインテーマ,教員の主張を聞き取り,ノートに書ける
　　　2.　次のような講義の中の論理構成を聞き分けられるようになる
　　　　　・原因と結果
　　　　　・比較と対照
　　　　　・主張と論証
　　　　　・論証における前提

　しかし,複数の科目からなるプログラムでは,プログラム全体の最終目標の設定が必要であり,個々の科目の目的と到達目標は,プログラムの最終目標とどのように関連しているかを示す必要がある。例えば,初級から上級まで5つのレベルからなる日本語学校で,卒業時に大学の学部プログラムに入れる程度の言語能力を獲得することを最終目標としたとしよう。この目標に到達するためには,初級,初中級,中級,中上級,上級のそれぞれのコースの目的が必要である。そして,各コースではそのコース修了時に具体的に何ができるようになるのかを到達目標として記述するのである。これらを組織的に設定することができれば,学習者にも教師にも明確に何を達成すべきかを知らせることができる。さらに,学習者の学習意欲を向上させ,努力を促すことができるし,教育の質も高めることができる。

2.4 カリキュラム開発とコース・デザイン

　先述したようにカリキュラムの規模は様々であるが，よほど規模の小さいカリキュラムを開発する場合でないかぎり，1人の教員が作成するのは難しい。個々の教員が行なう可能性が高いのは，やはり自分が教えるコースの計画であり，コース・デザインとは設定された学習目標を達成するために，シラバスをデザインし，教材や指導法を選択し，立てる授業計画である。

　田中（1988）は，カリキュラム開発の焦点は学習目標をいかに設定するかということにあるが，日本語教育においては学習者の多くが成人で，学習目的がはっきりしているため，カリキュラム開発は不要であると主張した。そこで，カリキュラム開発で行なわれるニーズ分析などの情報収集過程や，指導目標設定をコース・デザインに取り込むことを提唱した。今日，田中の考え方は，国内の日本語教育で広く受け入れられ，日本語教授法の本や日本語能力試験でも，コース・デザインには，ニーズ分析などの調査過程や学習目標の設定が含まれている（国際交流基金・久保田, 2006; 佐々木（編）, 2007）[2]。したがって，日本語教育では図3-1は，一般的にコース・デザインのモデルと考えられている。

　教師が1人で1科目だけを教える機関，ボランティア・プログラムなどコース間の連携が難しい場合は，図3-1をコース・デザインに当てはめることも可能であろう。しかし，近年，国内の学習者は多様化し，成人だけではなく，日本語教育を必要とする年少者も増加傾向にある。したがって，

2　このコース・デザインの考え方は，日本語教育特有の考え方のようであり，英語教育での定義とは異なる。そのため，日本語教育以外の分野の文献と日本語教育の文献では同じ言葉が異なる意味で使われているので，注意を要する。例えば，日本語の「コース・デザイン」はcurriculum developmentの意味にもなる。また，「コース」は「日本語コース」「日本語教員養成コース」「ビジネス・ジャパニーズ・コース」など専門コースを指すが，英語ではcourseではなくprogramを使うので，Japanese language program, Japanese-language teacher-training program, business Japanese programとなる。英語のcourseはあくまでも1科目を意味する。また，日本語の「クラス」は「科目」をも表わすが，英語のclassは日本語の「授業」であって，「科目」の意味ではない。

日本語学習者は目的がはっきりしており，カリキュラム開発は不要であるという田中の主張は，現在の日本語教育事情とは必ずしも合致しない。例えば，日本語教育を必要とする児童生徒の指導は，子供の成長を考えると，段階的に行なう必要がある場合も考えられる。その場合，一教員が自分の授業計画を立てるだけで，十分な指導体制が組めるかどうかは疑問である。

同様に，日本語学校や大学のように多くの留学生を受け入れる機関や，多数の外国人児童生徒が通う都市部の学校などでは，個々の教師がコース・デザインをすることは，必ずしも望ましくない。このような状況では，機関の日本語プログラム全体のカリキュラムを開発し，学習者の言語習得を複数のコースで支援できるようにしなければならない。

なぜなら，複数のレベルの科目からなるプログラムでは，プログラム全体のニーズ分析やレディネス分析が必要であるし，その上で，整合性のある複数の授業の学習目標を設定しなければならない。このような作業を個々の教師にゆだねるのは負担も大きく現実的ではない。また，カリキュラム開発を行なわないと，同じ科目でも教師が異なれば授業内容や指導法，評価が異なる可能性があり，教師が頻繁に変わるようなプログラムでは，たとえ教科書が同じであっても，教師が変わるたびに，指導法や指導内容が変わってしまう。また，指導効果を評価し，プログラム全体の評価に活かすことも難しくなる。

これらの問題は，カリキュラム開発を通して回避することが可能となり，指導の質を継続的に上げ，より学習者のニーズに合うプログラムを構築することができる。ニーズ分析や目標言語調査などを通して，プログラム全体としての学習目標を決定し，その目標を達成するための授業時間，授業科目の数，配列，プログラムにおける各授業科目の役割，目的をはっきりさせた上で，各授業科目のコースをデザインすれば，授業科目間の連携をとり，柔軟性と一貫性を兼ね備えたプログラムを構築することができる。その結果，プログラム全体の教育の質の向上につながると考えられる。

2.5 カリキュラム開発のアプローチ

ゼロからカリキュラム開発をする場合は，時間と資金をかけ，開発チー

ムを組んで，環境分析やニーズ分析，目標言語調査を行ない，目的を設定し，コース・デザインをすることもできるかもしれない。しかし，現実には，このような組織的なカリキュラム開発をすることはまれである。通常は既存のカリキュラムがあり，何らかの修正や改善が必要だという判断の下，カリキュラム開発が行なわれる。このような場合，必ずしも調査からカリキュラム開発が進められるわけではない。特に個々の教師がカリキュラム開発に着手する場合，たいていは，自分の担当授業の改善から始まることのほうが多い。つまり，カリキュラム開発をどのように行なうかについては，様々なアプローチが存在するのである（Ross, 2000）。

　本項では，その中でも主要と思われる 4 つのアプローチについて紹介する（Nation & Macalister, 2010; Richards, 2013）。第 1 のアプローチは，まずシラバスを設定し，内容に合わせて指導法や評価方法を決定していくアプローチ（内容重視型アプローチ）である。

　内容重視型アプローチでは，まず，何を教えるかを決め，シラバスとしてまとめる。この内容を教えるための指導法，そして，内容がどの程度消化されたかを評価するテストなどを開発していく。ニーズ分析や環境分析は行なわれることもあるし，行なわれないこともある。例えば，上級日本語の授業で，教師は，「現代文化を通して日本語を教える」というような大まかな目標を立て，それに合う読み物を探すとする。そして，その読み物を教えるための方略を考え，評価をする。この繰り返しをもとにカリキュラム開発まで持っていくのである。また，初級で，文法シラバスの教科書を選択したとする。その場合，指導内容は文法であり，教科書の内容に準拠した教え方が採られ，評価も内容に沿って行なう。このアプローチは，近年，年少者教育でよく見られる内容重視型学習（Content-Based Instruction, CBI）や内容言語統合型学習（Content and Language Integrated Learning, CLIL）にも採用されている。

　内容重視型アプローチでは，内容から指導法，評価へと一貫性のあるコース・デザインをすることが比較的簡単である。しかし，内容が先行しすぎて，カリキュラムの目標が内容を教えることになり，学習者のニーズが置き去りにされる可能性もある。また，教師の言語指導に関する見解が

反映されやすいため，学習者が求める教育と教師の言語観にずれが生じる可能性や，教育観の違う別の教師は教えることができないなどといった問題が生じる可能性がある。

　第2のアプローチは，授業活動を決めて，それに合わせて評価，シラバスなどを構築していくアプローチ（活動重視型アプローチ）である。活動重視型アプローチでは何を教えるかも，最終的にどのような成果を期待するかも，事前に決まっておらず，活動をやりながらシラバスを作っていき，評価の方法も考えていく。また，環境分析やニーズ分析がなされていないこともよくある。例えば，初期のタスク中心指導法（Task-Based Language Teaching, TBLT）では，教師が学習者に合うと思われるタスクを選び，授業でタスクを行なう。その際，学習者のタスク遂行過程を見ながら，どのような評価をするか検討し，必要に応じて表現を導入するのである。

　活動重視型アプローチも，教師がよく用いるアプローチだと言われる。なぜなら，自分の授業に足りない点，問題だと感じる点に焦点を当て，活動を考え，修正していくことができるし，改善した部分については，完成度の高いものを作ることができるからである。また，活動過程を見ながら，内容や評価を変えていくことができるから，内容重視型に比べ，より学習者中心の授業もできる。そのため，教員養成プログラムでは，カリキュラム開発の第1歩のアプローチとして扱われることもある（Pennington & Richards, 1997）。そして，このアプローチの最大の利点は時間がなくても遂行可能だという点である。

　しかし，活動重視型アプローチには多くの問題が指摘されている（Tessmer & Wedman, 1990）。まず，教師の個人的見解が反映されやすく，カリキュラムが主観的なものになってしまう可能性が高い。授業活動ばかりに焦点が当たるため，カリキュラムの全体像を見失ってしまう可能性もある。また，カリキュラム開発の構成要素のすべてに注意がはらわれにくいため，検討すべき構成要素が見過ごされてしまうこともある。例えば，タスクやテーマばかりに焦点を当てすぎた結果，学習者が習得すべき言語能力については十分な注意がはらわれなくなってしまうこともある。

　第3のアプローチは到達目標を設定して，それに合わせてコース・デ

ザインをしていくアプローチ（目標重視型アプローチ）である。このアプローチではニーズ分析をまず行ない，それをもとに目標を立てる。その後コース・デザインをし，授業を行ない，評価する。環境分析はニーズ分析と同時期，あるいはコース・デザインの際など，必要に応じて行なわれる。目標重視型アプローチでは，評価の観点は，目標とした言語運用能力のレベルに達しているかどうかであり，内容や教授法は決められてはいない。到達目標は，ニーズ分析だけではなく，ヨーロッパ言語共通参照枠（Common European Framework of Reference for Languages, CEFR）やACTFL言語運用能力基準（American Council on the Teaching of Foreign Languages Oral Proficiency Guidelines, ACTFL Guidelines）など，あらかじめ設定されたスタンダーズに基づいて設定されることもある。近年のTBLTでは，このアプローチを採用し，目標設定を行なってからタスクを選択する。

　目標重視型アプローチは，学習者のニーズや言語運用能力を重視しているため，理論的に整合性が高い。また，カリキュラム開発のアプローチとして，内容重視型や活動重視型より，組織的なカリキュラム開発が可能である。また，スタンダーズを用いることで，他機関との比較や交換留学プログラムなどの場合，単位交換の指標として用いることも可能である。しかし，内容重視型や活動重視型よりも緻密な計画が必要であるため，開発には時間がかかる。

　第4のアプローチは，カリキュラム開発の構成要素の中で必要性の高いものを優先して開発していくアプローチ（必要性優先型アプローチ）である。このアプローチでは，カリキュラム開発のすべての構成要素を同時に検討するが，現場の状況に照らし合わせて，1つの構成要素に焦点を当て，さらにその構成要素の中で優先的に焦点を当てる項目を決め，カリキュラムを作成していくのである（Tessmer & Wedman, 1990）。例えば，環境要因の中で，最もカリキュラム開発に悪影響を与えるものを優先項目とし，この制約の下にカリキュラムを開発する，あるいは，学習者にとって最も優先順位の高いニーズを選択し，シラバス，指導法，評価をニーズに照らし合わせて構築するといったやり方である。つまり，このアプロー

チでは，授業をしながらできることから組織的に開発を行なうため，カリキュラム開発のすべての構成要素を検討し，総合的にカリキュラムを考えるという点は維持されている。したがって，内容重視型や活動重視型より計画的なカリキュラム開発ができる。また，優先順位をつけて開発に着手できるため，段階的な修正も可能である。ただし，カリキュラム開発の過程で，優先順位をつけたために合わない問題にも遭遇する可能性がある。

3. 習得を支援するカリキュラム

　教師は日々，授業をいかに効果的に教えるか，今日の授業の改善点は何か，授業の進み具合はうまくいっているか，学生が上達しているか，ついてこれていない学生はいないかなど，授業をよりよいものにするのに多くの時間を費やす。また，学期が終わると，その学期を通して振り返り，次回同じ授業をするときに何をどう改善したらよいか考えながらも，次学期の授業の準備をする。教師は好きでなければできないとよく言われるが，それほど考えること，悩みはつきない。そのような状況で，自分の授業のコース・デザインを考えるのが精一杯であり，コース・デザインのレベルでも，学習者に対してニーズ分析をする時間的余裕がないと感じ，自分の経験や感覚から学習者はこれを求めているという勘に頼ってコース・デザインをすることのほうが多いのではないだろうか。これが複数の科目にとなると，それぞれの科目のコース・デザインに埋もれてしまい，コースとコースの連携など，カリキュラムのレベルにまで手が及ばない。そのため，多少不満はあっても，使えそうな生教材や使ったことがある教材を選び，その教材を教えることに時間を使ったり，大きなテーマのもと，活動を考えて授業を作り上げたりするというアプローチが教師に採用されやすいのではないだろうか。筆者もそのような教師の1人であった。

　しかし，本当によりよい教育をしたいと考えるならば，忙しい中でも，カリキュラムに目を向ける必要があるのではないだろうか。経験のある教師は学習者のニーズが十分分かっていると考えがちであるが，ニーズ分析によって学習者が教えてくれることは非常に多い。また，学校のニーズや学習者の職場，専門分野のニーズを知ることで，学習者も気がついていな

い，彼らに求められる日本語というものもよく分かる。今はオンラインのアンケートのフリーソフトを使って，簡単にニーズ分析をすることもでき，メリットは大きいと思われる。

　このような調査を通して，カリキュラムを見ていくと，コースとコースの連携がうまくいっていない点や，目的の設定の仕方が学習者のニーズと合わない点，さらに，学校の目的と学習者のニーズとのずれなど，様々な課題が浮き彫りにされてくるが，これらを少しずつでも改善していくことで，長い目で考えれば，最終的にはより整合性のあるよい日本語プログラムになっていくと思われる。1人の教師では難しくとも，同じ意識を持つ教師同士が協力することもできる。また，作業の一部を学習者と共有する，例えば，学習者と一緒にシラバスを作り上げる（negotiated syllabus）ことも，学習者に真のコミュニケーションの機会を与えながら，自分の言語学習について考えさせ，自律学習を促すなど，様々なメリットがあるのである。

　また，目標重視型アプローチの中の，特に学習者の能力を到達目標に設定することは，複数のレベルからなるカリキュラムにおいては非常に重要である。能力目標を設定することで，そのときの教科書や教授法に縛られず，新たな教授方法やアイディアが取り入れやすくなるため，柔軟なカリキュラム運営ができるし，また，客観的な能力基準を設定することにより，他機関との交流も容易にするからである。スタンダーズを用いることも，この点では有効であるが，スタンダーズが作成された環境と対象となった学習者は，自分たちの現場の学習者特性とは異なる可能性がある。例えばACTFL-OPIの能力基準は，英語母語話者を想定した能力基準（Interagency Language Roundtable Scale, ILR Scale）をもとにしており，アメリカの大学で外国語としての日本語を学ぶ，英語を母語とする学習者を想定した基準である。また，CEFRはヨーロッパの多言語環境での外国語スタンダーズである。いずれも，想定されている学習者の基準としては優れたものがあるが，アジア圏学習者が多い日本の環境にそのまま当てはめられるかどうかは検討の余地があるため，これらを応用して能力基準を設定するにはニーズ分析とのつき合わせが必要不可欠である。

資料 3-1: 環境分析の例

分析項目	不十分	どちらかというと不十分	どちらでもない	どちらかというと十分	十分
カリキュラム開発のための資金が十分ある	1	2	3	4	5
カリキュラム開発のための期間が十分ある	1	2	3	4	5
カリキュラム開発に対する本部のサポートは十分である	1	2	3	4	5
教員数は十分である	1	2	3	4	5
教員は優れた指導力と知識を有している	1	2	3	4	5
教員はカリキュラム開発の必要性を認識している	1	2	3	4	5
教員にカリキュラム開発を進めるための理論と実践が備わっている	1	2	3	4	5
現在の日本語教育プログラムの構成は優れている	1	2	3	4	5
現在の日本語教育プログラムは学習者ニーズに合っている	1	2	3	4	5
日本語教育以外の分野の専門知識が必要である	1	2	3	4	5
日本語教育以外の専門分野の教員との協力体制が整っている	1	2	3	4	5
シラバスは機関の目的と学習者ニーズに合っている	1	2	3	4	5
教授法は機関の目的と学習者ニーズに合っている	1	2	3	4	5
コース・デザインは現在の第2言語教育理論やアプローチを反映したものである	1	2	3	4	5
プレースメント・テストは機関の目的と学習者ニーズに合っている	1	2	3	4	5
中間評価と最終評価は適切な方法を用いて行なわれている	1	2	3	4	5

専門分野（記入する）	
日本語の授業を履修するための時間数 （数字を記入し，○をつける）	週＿＿回，1回＿＿分， 午前・午後・夜間
当該専門分野で期待される日本語能力	1. 旅行者レベル 2. 日常会話レベル 3. 大学の日本語での授業についていけるレベル 4. 研究発表，論文執筆ができるレベル

当該機関特有の要因について，よい点と問題点を記述する。

	よい点	問題点
社会的要因		
機関要因		
教員要因		
学習者要因		
カリキュラム要因		

資料 3-2： ニーズ分析の例（日本の大学　学習者対象）

I. Demographic Information・基本情報

Nationality・国籍：＿＿＿＿＿＿　Native Language・母語：＿＿＿＿＿＿

Age・年齢：＿＿＿＿　Sex・性別：M / F

Academic year・学年：＿＿＿＿＿＿＿＿＿＿＿＿＿＿＿＿＿＿＿＿＿＿＿

Field of speciality/Major・専攻：＿＿＿＿＿＿＿＿＿＿＿＿＿＿＿＿＿＿

A. Do you use kanji in your native language?
母語で漢字を使いますか。
（　　）yes・はい　　（　　）no・いいえ

1. If yes, how many kanji can you read in your native language?
「はい」の場合，母語で何文字の漢字が読めますか。
＿＿＿＿＿＿＿＿＿＿＿＿＿＿＿＿＿＿＿＿＿＿＿＿＿＿＿＿＿＿＿＿＿

2. If yes, how many kanji can you write in your native language?
「はい」の場合，母語で何文字の漢字が書けますか。
＿＿＿＿＿＿＿＿＿＿＿＿＿＿＿＿＿＿＿＿＿＿＿＿＿＿＿＿＿＿＿＿＿

B. Are you fluent in more than one language?
2 カ国語以上話せますか。
（　　）yes・はい　　（　　）no・いいえ

If yes, specify languages you speak and describe how well do you speak in a concrete term. (e.g., "I can handle most of daily conversations and can talk extensively about a broad range of topics such as politics, economics, etc.")
「はい」の場合，話せる言葉と，どのぐらい話せるか書いて下さい。（例：「日常会話はほとんどできる。政治経済など様々なトピックについて話せる。」）
＿＿＿＿＿＿＿＿＿＿＿＿＿＿＿＿＿＿＿＿＿＿＿＿＿＿＿＿＿＿＿＿＿
＿＿＿＿＿＿＿＿＿＿＿＿＿＿＿＿＿＿＿＿＿＿＿＿＿＿＿＿＿＿＿＿＿
＿＿＿＿＿＿＿＿＿＿＿＿＿＿＿＿＿＿＿＿＿＿＿＿＿＿＿＿＿＿＿＿＿

C. At what age did you come to Japan?
   何歳で日本に来ましたか。
   _____

D. How long have you lived in Japan?
   何年何ヶ月日本に住んでいますか。
   _____

II. Foreign-Language-Learning Experience・外国語学習経験

   A. Have you ever studied any foreign languages other than Japanese?
      日本語以外の言語を学習したことがありますか。
      (   ) yes・はい   (   ) no・いいえ

      If yes, please provide the following information.
      「はい」の場合，例に基づいて下記の情報を書いて下さい。

      【Example・例】
      Language・言語： ___Spanish・スペイン語_____
      Purpose・目的： ___Speaking with a Hispanic friend_____
                      ___メキシコ系の友達と話すため_____
      Period・期間：from _9/92_ to _5/93_ ・ _____から_____まで
                   for _____ years _8_ months ・ _____年_____ヶ月
      Where・場所： ___High School・高校_____
      Teaching method・教授法： ___Conversation oriented・会話中心___
      Do you think the method employed met your purpose?
      教授法は目的に合っていましたか。
      ___It was not interesting but was OK._____
      ___おもしろくはなかったが，まあまあ。_____

Language・言語：_____

Purpose・目的：_____
_____

Period・期間：from _____ to _____ ・ _____ から _____ まで
for _____ years _____ months ・ _____ 年 _____ ヶ月

Where・場所：_____

Teaching method・教授法：_____

Do you think the method employed met your purpose?
教授法は目的に合っていましたか。

_____
_____

Language・言語：_____

Purpose・目的：_____
_____

Period・期間：from _____ to _____ ・ _____ から _____ まで
for _____ years _____ months ・ _____ 年 _____ ヶ月

Where・場所：_____

Teaching method・教授法：_____

Do you think the method employed met your purpose?
教授法は目的に合っていましたか。

_____
_____

第3章 カリキュラム

III. Japanese-Language-Learning Experience・日本語の学習経験

A. Did you study Japanese before enrolling in a course in this university?
この大学で日本語を履修する前に日本語を勉強したことがありますか。

(　) no・いいえ
　　(　) You have never thought of it.　考えたことがなかった。
　　(　) You did not think it necessary.　必要でなかった。
　　(　) You wanted to, but had no opportunity.
　　　　勉強したかったが機会がなかった。
　　(　) Other・その他：_____

(　) yes・はい
　　(　) By yourself, using textbook(s)・独学
　　　　About _____ hours per week, for _____ year(s) _____ months
　　　　1週間に_____時間, _____年_____ヶ月
　　(　) With a Japanese/a tutor・日本人や家庭教師と
　　　　About _____ hours per week, for _____ year(s) _____ months
　　　　1週間に_____時間, _____年_____ヶ月
　　(　) at high school・高校で
　　　　About _____ hours per week, for _____ year(s) _____ months
　　　　1週間に_____時間, _____年_____ヶ月
　　(　) In a college/university・他の大学で
　　　　About _____ hours per week, for _____ year(s) _____ months
　　　　1週間に_____時間, _____年_____ヶ月
　　(　) Other・その他
　　　　Describe how and where.　どこでどう勉強したか書いて下さい。
　　　　_____
　　　　About _____ hours per week, for _____ year(s) _____ months
　　　　1週間に_____時間, _____年_____ヶ月

B. What textbooks have you used and how effective are they? Write the title of the book and circle the number that fits your evaluation.
   どんな教科書を使いましたか。その本はどのぐらいよかったですか。本のタイトルを書いて，あなたの評価を示す数字に丸をつけて下さい。
   (5 = Excellent・すばらしい，4 = Good・よい，3 = Average・ふつう，
   2 = not very good・あまりよくない，1 = Poor・よくない)

Name of the textbook 教科書のタイトル	Poor よくない		Average ふつう		Excellent すばらしい
	1	2	3	4	5
	1	2	3	4	5
	1	2	3	4	5
	1	2	3	4	5

C. How much time can you spare for studying Japanese outside of class currently?
   教室外で日本語の勉強にどのぐらい時間が使えますか。

   《During weekdays・平日》
   for ____ hour(s) a day, ____ days a week・1日 ____ 時間，毎週 ____ 日
   《On weekends・週末》
   for ____ hour(s) a day, ____ days a week・1日 ____ 時間，毎週 ____ 日

D. Circle the equipment or tool you can use at home to study Japanese.
   日本語の勉強のためどのような機器が使えますか。

   1. DVD
   2. IC recorder・ICレコーダー
   3. Smartphone/tablet・スマホ／タブレット PC
   4. Personal Computer・パソコン
   5. Digital dictionary・電子辞書
   6. Other・その他：_____

E. Do you think you will have any opportunities to converse with Japanese people in Japanese?

日本人と日本語で話す機会がありますか。

(　　) yes・はい　　(　　) no・いいえ

If yes,・「はい」の場合,

With whom?　だれと＿＿＿＿＿＿＿＿＿＿＿＿＿＿＿＿＿＿＿＿＿＿＿＿

When?　いつ＿＿＿＿＿＿＿＿＿＿＿＿＿＿＿＿＿＿＿＿＿＿＿＿＿＿

Where?　どこで＿＿＿＿＿＿＿＿＿＿＿＿＿＿＿＿＿＿＿＿＿＿＿＿＿

What kind of topics?　どんなトピックについて

＿＿＿＿＿＿＿＿＿＿＿＿＿＿＿＿＿＿＿＿＿＿＿＿＿＿＿＿＿＿＿＿＿

F. How long do you plan to study Japanese?

どのぐらい日本語を勉強するつもりですか。

Period・期間：from ＿＿＿＿ to ＿＿＿＿＿・＿＿＿＿から＿＿＿＿まで

Until you complete:

(　　) Elementary Japanese course.　初級コース修了まで

(　　) Low-Intermediate Japanese course.　初中級コース修了まで

(　　) Intermediate Japanese course.　中級コース修了まで

(　　) High-Intermediate Japanese course.　中上級コース修了まで

(　　) Advanced Japanese course.　上級コース修了まで

(　　) High-Advanced Japanese course.　超級コース修了まで

(　　) Business Japanese course.　ビジネス・コース修了まで

(　　) Academic Japanese course.

アカデミック・ジャパニーズ・コース修了まで

G. Are you currently enrolled in a Japanese language course?

現在，日本語の科目を履修していますか。

(　　) yes・はい　　(　　) no・いいえ

1. If yes, write the name of the course.

「はい」の場合，科目の名前を書いて下さい。

＿＿＿＿＿＿＿＿＿＿＿＿＿＿＿＿＿＿＿＿＿＿＿＿＿＿＿＿＿＿＿＿＿

2. If yes, what do you expect to be able to accomplish <u>after taking the course you are currently enrolled in</u>?
「はい」の場合，<u>今履修しているコースが終わった時点</u>で何ができることを期待していますか。

《Speaking・会話》

( ) Convey daily greetings.　挨拶ができる

( ) Handle uncomplicated daily conversations.
　　簡単な日常会話ができる

( ) Express and support my opinions about non-technical topics.
　　一般的な話題について自分の意見や理由が言える

( ) Participate in class discussions.
　　授業のディスカッションに参加する

《Reading・読解》

( ) Read hiragana and katakana only.
　　ひらがなとカタカナが読める

( ) Read a short text written for students（less than one page with less than 300 kanji or so）.
　　漢字300程度の学習者用の簡単な文章が読める

( ) Read a short authentic text and understand the gist using a dictionary（i.e., newspaper article, magazine）.
　　（新聞・雑誌など）短い生教材を読んで概要が分かる

( ) Read a newspaper article and understand it fully with using a dictionary.
　　辞書を使って新聞を読んできちんと理解できる

( ) Read a newspaper without using a dictionary.
　　辞書なしに新聞が読める

( ) Read an academic text.　専門書が読める

《Listening・聴解》
- (　) Understand daily greetings and survival/fixed phrases.
  挨拶や決まり表現が分かる
- (　) Understand daily conversation of an uncomplicated nature.
  複雑でない日常会話が分かる
- (　) Understand more than a half of TV news reports and dramas.
  テレビのニュースやドラマが半分以上分かる
- (　) Understand almost every speech in Japanese.
  だいたい何でも分かる
- (　) Understand a lecture in Japanese.　日本語の講義が分かる

《Writing・作文》
- (　) Write a short memo to a teacher.　先生にメモが書ける
- (　) Write a one page letter to a Japanese friend.
  友人に簡単な手紙が書ける
- (　) Write a short essay of non-technical matter.
  一般的なトピックについて短いエッセイが書ける
- (　) Write a short academic paper.　小論文が書ける

《Scripts・文字》
- (　) Write hiragana and katakana.
  ひらがなとカタカナが書ける
- (　) Write hiragana, katakana, and about 500 kanji.
  ひらがな，カタカナ，500 程度の漢字が書ける
- (　) Write hiragana, katakana, and about 1,000 kanji.
  ひらがな，カタカナ，1,000 程度の漢字が書ける
- (　) Write hiragana, katakana, and about 2,000 kanji.
  ひらがな，カタカナ，2,000 程度の漢字が書ける
- (　) Write hiragana, katakana, and more than 5,000 kanji.
  ひらがな，カタカナ，5,000 以上の漢字が書ける

IV. Purpose and needs of learning Japanese・日本語学習の必要性

A. In your course of study, how often are you expected to use the following skills? Circle the number that best represents your opinion.

あなたは大学生活でそれぞれの能力をどの程度使うことが期待されていますか。一番自分に当てはまると思う数字に丸をつけて下さい。

	never 全然ない	rarely たまに	sometime 時々	often よく	very often 頻繁に
Reading・読解	1	2	3	4	5
Writing・作文	1	2	3	4	5
Speaking・会話	1	2	3	4	5
Listening・聴解	1	2	3	4	5

B. How often do you have difficulty with each of these skills? Circle the number that best represents your opinion.

あなたは，それぞれの能力をどの程度難しいと感じますか。一番自分に当てはまると思う数字に丸をつけて下さい。

	never 全然ない	rarely たまに	sometime 時々	often よく	very often 頻繁に
Reading・読解	1	2	3	4	5
Writing・作文	1	2	3	4	5
Speaking・会話	1	2	3	4	5
Listening・聴解	1	2	3	4	5

C. How important are the following abilities to succeed in your course of study? Circle the number that best represents your opinion.

大学でよい成果を上げるために，あなたにとってどの能力がどの程度重要ですか。一番自分に当てはまると思う数字に丸をつけて下さい。

	not important 重要でない		somewhat important まあまあ		very important とても重要
Reading・読解	1	2	3	4	5
Writing・作文	1	2	3	4	5
Speaking・会話	1	2	3	4	5
Listening・聴解	1	2	3	4	5

第3章　カリキュラム

D. How important to success in your field after graduation are the following abilities? Circle the number that best represents your opinion.

大学を卒業した後，あなたにとって，どの能力がどの程度重要ですか。一番自分に当てはまると思う数字に丸をつけて下さい。

	not important 重要でない		somewhat important まあまあ		very important とても重要
Reading・読解	1	2	3	4	5
Writing・作文	1	2	3	4	5
Speaking・会話	1	2	3	4	5
Listening・聴解	1	2	3	4	5

E. Decide how important for you to be able to do these things in Japanese. Circle the number that best represents your feeling.

あなたにとって日本語で以下のことができることはどの程度重要ですか。一番自分に当てはまると思う数字に丸をつけて下さい。

(1 = not important・重要ではない，2 = not very important・あまり重要ではない，3 = somewhat important・まあまあ重要，4 = important・重要，5 = very important・とても重要)

Watching TV or movies.	日本語のテレビや映画を見る	1	2	3	4	5
Understanding announcements.	日本語のアナウンスを理解する	1	2	3	4	5
Listening to Japanese music.	日本の音楽を聞く	1	2	3	4	5
Understanding when Japanese speakers speak to me.	日本人が話しかけたときに理解できる	1	2	3	4	5
Receiving telephone calls and understanding telephone messages in Japanese.	日本語で電話に答えて，相手の言うことを理解できる	1	2	3	4	5
Talking to colleagues at work in Japanese.	職場で同僚と日本語で話す	1	2	3	4	5
Talking to neighbors in Japanese.	日本語で近所の人と話す	1	2	3	4	5
Talking to children in Japanese.	日本語で子供と話す	1	2	3	4	5
Talking to Japanese friends in Japanese.	日本人の友達と日本語で話す	1	2	3	4	5
Having casual conversations with people in Japanese.	日本語で日常会話ができる	1	2	3	4	5

Talking to peer students in Japanese.	日本語でほかの学生と話す	1	2	3	4	5
Talking to electricians, plumbers, etc. in Japanese.	日本語で電気屋さんや水道屋さんと話す	1	2	3	4	5
Talking with friends on the phone in Japanese.	日本語で友達と電話で話す	1	2	3	4	5
Talking with someone you don't know well in Japanese.	日本語でよく知らない人と話す	1	2	3	4	5
Playing sports and participating in social clubs.	スポーツをしたり，カルチャー・クラブに入る	1	2	3	4	5
Talking to friends in Japan through CMC (Skype, Hangouts, etc.).	日本の友人とCMC（スカイプ，ハングアウトなど）で話す	1	2	3	4	5
Presenting in class in Japanese.	日本語で授業のプレゼンテーションをする	1	2	3	4	5
Communicating effectively in Japanese with peers in small group discussions, collaborative projects, or out-of-class study groups.	授業内外でのディスカッションやプロジェクトに参加し，日本語で効果的にコミュニケーションをする	1	2	3	4	5
Asking for directions in Japanese.	日本語で道を聞く	1	2	3	4	5
Ordering food in a restaurant in Japanese.	レストランで日本語で注文する	1	2	3	4	5
Buying things in stores and supermarkets in Japanese.	店やスーパーで日本語で買い物をする	1	2	3	4	5
Getting information about services and goods I want to buy.	買いたいものについて情報を得る	1	2	3	4	5
Taking a taxi.	タクシーに乗る	1	2	3	4	5
Taking other public transportation.	公共交通機関を利用する	1	2	3	4	5
Visiting friends' homes.	友達のうちを訪ねる	1	2	3	4	5
Making travel arrangements.	旅行の予約をする	1	2	3	4	5
Using Japanese in situations related to my work.	勉強や仕事で日本語を使いこなす	1	2	3	4	5
Shopping, and making travel arrangements on line.	ネットで買い物や旅行の予約をする	1	2	3	4	5
Reading a Japanese newspaper.	日本語の新聞を読む	1	2	3	4	5

Reading a Japanese academic text.	日本語の専門書を読む	1	2	3	4	5
Reading a Japanese comic.	日本語の漫画を読む	1	2	3	4	5
Reading Japanese literature.	日本語の文学作品を読む	1	2	3	4	5
Using LINE/Twitter etc. in Japanese.	日本語でLINE／ツイッターなどを使う	1	2	3	4	5
Writing blogs/Facebook in Japanese.	日本語でブログ／フェイスブックを書く	1	2	3	4	5
Writing email in Japanese.	日本語でメールを書く	1	2	3	4	5
Taking notes in class in Japanese.	日本語で授業のノートを取る	1	2	3	4	5
Writing an essay in Japanese.	日本語でエッセイを書く	1	2	3	4	5
Writing a report in Japanese.	日本語でレポートを書く	1	2	3	4	5
Writing a letter in Japanese.	日本語で手紙を書く	1	2	3	4	5
Writing an academic paper in Japanese.	日本語で論文を書く	1	2	3	4	5

第4章

コース・デザインとシラバス

1. はじめに

　組織的なニーズ分析や環境分析を通して，カリキュラムが作成されれば，言語プログラムが果たすべき目的，その目的を達成するために必要なコースの数，それぞれのコースの目的，コース間の関係，授業時間数，コースをモジュール化するかどうかなど，プログラム全体の構成を明らかにできる。カリキュラムができ上がっていれば，それぞれのコースのデザインもやりやすくなる。

　しかし，前章でも述べたように，現実にはカリキュラムの専門家を雇ってカリキュラム開発をする資金と余裕のある教育機関は少ない。そのため，複数の教師が協力してカリキュラム開発をしながら，自分の担当科目のコース・デザインをするか，そのような協力体制さえ取れないまま，コース・デザインをしなければならないこともある。このような場合，コース・デザインをする際，自分のコースだけに目を向けても，長い目で見て学生にとってよい教育環境を提供できない可能性が高い。よって，教師は自分のコースのデザインをしながらも，学生が自分のコースを受講する前に受けるコース，自分のコースと一緒に受講するコース，そして自分のコースを取った後で受講するコースとの関連性を考えながら，コース・デザインを進めていく必要がある。

2. コース・デザインの概要

　コース・デザインをするためには，まず，そのコースを受講し終わったとき，学習者が何を学び，何ができるようになるかなどの学習目標を設定しなければならない。その上で，何をどのような順番で教えるかを決め

（シラバス・デザイン），それらをどのような方法で教えていくかを決定する（カリキュラム・デザイン）。最後に，学習効果をどのように評価するかを決めなければならない（Dubin & Olshtain, 2002; 佐々木（編），2007）。

Dudley-Evans & St. John（1998）はコース・デザインをする際の留意点として，以下の点をあげている。

1. 集中コースかどうか
2. 学習者のパフォーマンスを評価するかどうか
3. 学習者の短期的なニーズに焦点を当てるかどうか
4. 教師の役割は知識を与え，教室活動をリードすることか，あるいは，学習者中心の活動を支援することか
5. コースの焦点は狭いか広いか
6. ほかのコースを受講する前，あるいは，ほかのコースと同時に受講するコースか
7. 学習内容は総合的なものか，学習者の専門や仕事に関係するものか
8. 学習者特性は均一か多様か
9. 指導開始前にコース・デザインを完了させるか，授業を通して学習者と協働で完了させるか

コース・デザインで設定する学習目標は，カリキュラムに記述する目的や学習目標よりも，具体的かつ詳細なものでなければならない。なぜなら，コースでの学習目標は，学習者にこのコースで何が学べるのか，どのような能力をどこまで伸ばせるのかを明確に示すものだからである。

学習目標を設定するためには，学習者が受講を開始するときと修了するときの能力や技能の記述が必要であるが，この能力とは言語知識や言語の運用能力に限定されるわけではなく，母語文化や目標言語文化に対する知識や思考力，学習ストラテジーなども含まれる。例えば，初級後半のコースでは，コース開始時の学習者の既知語彙数，既知漢字数，既習文法項目などの言語知識だけではなく，これらをどの程度使いこなし，どのような

場面で適切に言語機能を果たせるのかなどの定義も必要である。開始時の能力設定は，プレースメント・テストのほか，ACTFL-OPI や CEFR などの評価基準や学習スタンダーズなどをもとに作成することもできる。これらの客観的指標は教師だけではなく，機関の上層部や地域の人々にも分かりやすく，単位交換の指標にも応用できる。しかし，実際に指導が行なわれている地域や機関のニーズ，教育現場の状況を反映していないため，ずれが生じることもある。よって，客観的指標を応用する場合，現場の状況にも配慮して，能力の定義をすることが望ましい。

コース修了時の記述は，学習目標として，学習者に自分が何を学べるのかを知らせる機能も果たす。そのため，できるだけ学習者に分かりやすい，具体的かつ詳細な記述が必要である。例えば，初級後半の授業が終わると次のレベルは中級であるが，実際何をして中級と言えるのかは，機関によっても，教員によっても異なることがある。コース・デザインで中級とはどのような知識を有し，言語で何ができるのか，どのような学習ストラテジーが使えるのかなどを明確に定義すべきである。

学習目標を設定したら，シラバス・デザインをする。シラバスとは，指導内容をどの順番で教えるかを表わしたものであるため，カリキュラムよりもより詳しく実践的である（Dubin & Olshtain, 2002）。指導内容の選択には，ニーズ分析で示された言語使用場面，使用目的，重要性などが参考となるが，選択した内容について，どれだけ詳しく扱うか，どれだけの範囲のものを扱うか，また，これらをどのような順番で扱うかなどもここで決める必要がある。

3. シラバス・デザイン

シラバス・デザインで注意しなければならないのは，教師のビリーフや言語観がシラバスの選択に関与しがちなことである。教師が自分の主観に頼りすぎると，学習者が本当に望むものとのずれを見過ごしてしまう可能性がある。そのため，Richards（2001）はシラバスを選択する際，以下の条件を満たす内容を選ぶことを提唱している。

1. 学習者の年齢に合致するものである
2. 学習者の習熟度に合っており，適度なチャレンジを提供するものである
3. 学習者が興味を持ち，学習意欲を感じられるものである
4. 学習者にとって，教室での指導が教室外の使用に役立ち，適切だと感じられるものである
5. 教師が理解でき，運用できるものである
6. 学習者が進度を感じられるが，過度にならない量である
7. 学習者が多少欠席してもついていける量である

　コミュニケーションを重視するコースであれば，シラバスには，語彙や文法などの言語知識だけではなく，言語機能や談話構成，タスクなども含める必要がある。また，会話のコースでは，社会言語学的知識やインターアクション能力の育成が重要であるし，より自然な日本語を話すための定式表現の指導も重要である。さらに，初級の総合コースであれば，汎用性が高く，使いやすいフレーズや，学習効率を上げるための学習ストラテジー指導，日本文化に対する興味を喚起するような内容も検討すべきであろう。

　選択した内容をどのように配列するかについては，いくつか方法がある(Munby, 1988)。第1の方法は，難易度を指標とする方法で，文法やタスクの配列に使われることがある。第2の方法は，時間軸に沿って順番を決める方法である。例えば，作文では，アウトライン，ドラフト，修正，編集などの順番で作業が行なわれることが多い。そのため，授業での指導もこの順番ですることが多い。第3の方法は，学習者にとって重要度の高い内容から配列する方法である。例えば，移民や，短期研修者のサバイバルを目的とした日本語プログラムでは，お金，買い物，乗り物，レストランなど，生活に必要なトピックを重視し，そこで使われる日本語を教えることがある。第4の方法は，ある内容の副次的項目をその内容の前に配列する方法である。例えば，読解のコースでは，語彙学習ストラテジーを先に学ぶことで，新聞記事や小説などの生教材を読む際，未知語に対応

できるようにしておくことができる。第5の方法は，第4の方法の逆で，副次的項目の前に上位項目を扱うトップダウンの方法である。この例としては，読解のコースで，細かいところに注意させる前に概要をつかませ，細かい言語項目を後で教えるといったことや，学習者にコミュニケーションのタスクをさせ，後でそのタスクを遂行するのに役立つ文法を教えるといったやり方が考えられる。

シラバスは何を重視するかによって，文法シラバス，語彙シラバス，機能シラバス，場面シラバス，技能基盤シラバス，トピック・シラバス，スキル・シラバス，タスク・シラバスなどに分かれる（Nunan, 1988; Robinson, 2009; Willis, 1990）。今日1つのシラバスだけをもとに，指導を行なうことは望ましくない場合も多いが，ここではまずそれぞれの特徴について述べる。

3.1 文法シラバス

文法シラバスは，簡単な文型からより難しい文型へと順番に並べたものである。また，多くの場合，使用範囲の広いものから狭いものへ順番に並べ，文型が似ているもの，関連のある文型などは同時に提示されることが多い。文法シラバスを用いた日本語の教科書の代表的なものに『みんなの日本語』（スリーエーネットワーク, 2012, 2013）があげられる。『みんなの日本語』では，目次の各項目は文型を表わし，文型表とほぼ対応している（表4-1）。

表4-1 『みんなの日本語初級Ⅰ』の目次と指導内容

課	目次	指導内容
第1課	1. わたしは マイク・ミラーです。 2. サントスさんは 学生じゃ ありません。 3. ミラーさんは 会社員ですか。 4. サントスさんも 会社員です。 会話：初めまして	[人] は [N] です / じゃありません [文章] か（疑問詞）/ はい / いいえ [N] も / [N] の [N] / [名前] さん / 先生 / だれ [数字] 歳 / [国名] 人 / 初対面の挨拶
第2課	1. これは 辞書です。 2. それは わたしの 傘です。 3. この 傘は わたしのです。 会話：これから お世話に なります	これ / それ / あれ / この / その / あの そうです / [人] のです（所有）
第3課	1. ここは 食堂です。 2. エレベーターは あそこです。 会話：これを ください	ここ / そこ / あそこ / どこ こちら / そちら / あちら / どちら [N] は [場所] です / [場所] は [N] です [数字] 階 / [数字] 円
第4課	1. 今 4時5分です。 2. わたしは 毎朝 6時に 起きます。 3. わたしは きのう 勉強しました。 会話：そちらは 何時までですか	[数字] 時 [数字] 分です [V] ます / ません / ました / ませんでした [時間] に [V] / [曜日]（に）[V] / [昨日…][V] [N] から [N] まで / [N] と [N]（並列）

　文法シラバスは初級に多く見られ，日本語教育では主流と言ってもよいほどよく見られるシラバスである。しかし，このシラバスには多くの問題点がある。

　第1に，文法シラバスは言語運用能力のごく一部を扱っているにすぎず，文法のみに焦点が当たり，ほかの構成要素が見過ごされていることがある。そのため，文法シラバスでは，文が指導の対象となり，文以下の発話も文を超えた談話もあまり重要視されない傾向がある。例えば，『みんなの日本語』では，文型に合う語彙が各課で提示されており，各課で紹介されている語彙で語彙ネットワークが構築できるような覚えやすい導入にはなっていない。また，会話としては不自然であっても，文法の使い方を示すために会話例として使用されてしまうことも少なくない。

　第2に，形だけに注意がはらわれるため，適切な言語使用が軽視され

がちである。例えば，適切な発話行為の仕方，会話の続け方や終わり方，場面に応じた適切な応対などは考慮されず，コミュニケーション能力の育成にならないと指摘されている（Munby, 1988）。

　第3に，文型の複雑さは考慮されるが，文法項目と意味とのマッピングの複雑さは考慮されていない。第1言語でも第2言語でも，学習者は形式と意味の間に，1対1の対応関係を求める傾向があり，この対応関係がない場合，習得が困難になる（DeKeyser, 2005）。例えば，テイルは1つの形式に複数の意味があるため，学習者にとって使い分けが難しく，段階的に習得される（Shirai & Kurono, 1998）。また，数詞には漢語系列（イチ，ニ，サン）と和語系列（ひとつ，ふたつ，みっつ）があるが，日本語を母語とする幼児は和語系列と漢語系列を同時に使えるようになるわけではなく，どちらかしか使えない時期を経て，徐々に2つの系列を学んでいく（Clancy, 1986）。さらに，授受表現の習得では，日本人の幼児も成人日本語学習者もアゲルを過剰使用する傾向がある（Clancy, 1986；坂本・岡田, 1996；堀口, 1983）。これらは，学習者が習得の初期段階で意味と形式の1対1対応を求めるがゆえに起こる現象だと考えられる。

　第4に，文法シラバスで提示される順番は，発達順序や習得順序を反映していない。例えば，日本語では形容詞の活用の習得は形容動詞や動詞の活用の習得より遅れるが（Kanagy, 1994），文法シラバスでは形容詞と形容動詞はほぼ同時に導入されることが多い。

　第5に，文法シラバスでは形式的に単純な項目のほうが複雑な項目よりやさしいとみなされるが，これは習得難易度と一致しない。例えば，Gass（1982）は英語の関係代名詞節の中で，より簡単な主語関係節（The man who met Mary）と目的語関係節（The girl whom Tom met）を教えたグループと，最も複雑な前置詞目的語関係節（The place at which Tom and Mary met）のみを教えたグループの文法性判断課題の成績を調べた。その結果，後者は主語関係節と目的語関係節を学習しなかったにも関わらず，前置詞目的語関係節だけではなく，主語関係節も目的語関係節も習得していた。一方，やさしい文法項目を学習したグループは前置詞目的語関係節を習得しなかった。同様の結果は，英語の所有限定詞の習得研究でも見ら

れた（Zobl, 1985）。このように，同じ文型でも，難しいものを教えると，その文法規則はやさしいものに投射され習得を促すが，やさしいものを教えても難しいものは習得されない現象を投射仮説と呼ぶ（Ellis, 2008）。

　日本語でも，投射仮説と似たような現象が報告されている。文法シラバスでは，動作の継続を表わすテイルと状態の継続を表わすテイルは同時に導入されるが，その場合，動作の継続のテイルが過剰使用され，状態の継続のテイルの習得が難しくなる（Shirai & Kurono, 1998）。また，Ishida（2004）は，英語母語話者にとってより難しい状態の継続のテイルを先に教えた学習者を対象にテイルの習得を調べた。その結果，学習者は状態の継続のテイルを問題なく習得しただけではなく，動作の継続のテイルが導入されても，状態の継続のテイルと混同することなく習得できた。

　最後に，文法シラバスでは，言語は1つ1つの文型を学習し，積み上げることによって習得されると仮定されているが，この前提が間違っていることは多くの習得研究で明らかにされている。先行研究では，第1言語習得でも第2言語習得でも，学習者は外界からのインプットを利用し，頻度や顕著さなどを手掛かりに，仮説検証を繰り返しながら言語を習得していくことが明らかになっているが，その過程は必ずしも平たんなものではない。例えば，新たな言語項目を習得する過程で，既習の項目ができなくなったりするというような時期を経て，徐々に既習項目と新しい項目を習得していくのである。

　このように，文法シラバスはコミュニケーション能力の育成に限界があるだけではなく，理論的にも大きな問題がある。しかしながら，文法は多くの言語プログラムで中心的な指導項目として考えられがちである。文法は，教師にとって，言語教育では必ず扱われる最も身近な項目である。また，文法は談話や音声などに比べ，構造が分かりやすく教えやすいし，項目数も語彙のように多いわけではない。さらに，文法項目を言語機能や使用場面，トピックと結びつけることも可能であり，コミュニケーション能力の評価においても正確さは重要な要素の1つである。そのため，特に初級において文法を教えることが基本だと考えられる傾向があるのである。

　いずれにしても，文法は言語能力の重要な一要素であることは間違いな

いから，文法の難易度をシラバスに取り入れることも，学習目的によっては重要であろう。しかしながら，その場合，構文的複雑さのみをもとにするのではなく，形式と意味のマッピングの複雑さ，そして，習得難易度を考慮して決めるべきである。また，コミュニケーション能力の育成を目指すならば，初級であっても，文法シラバスだけに頼るのでは限界がある。実際，初級で文法をしっかり教えれば言語習得が促進されるという証明はどこにもない。

3.2 語彙シラバス

語彙シラバスは，語彙頻度と汎用性をもとに語彙の指導順を決めたものである。実際に語彙シラバスだけを基本に指導内容を決めることはまれであるが，英語では語彙シラバスをほかのシラバスに取り入れ，組織的に語彙を導入するのが一般的である。なぜなら，英語では1960年代にはすでにコンピュータ解析可能な大規模コーパスが構築されており，早くからコーパスの教育への応用が進んでいたからである。今日，初級では，最も頻度の高い1,000語，中級では，次に頻度が高い2,000語，中上級ではその次の2,000語，上級では，さらにその次の2,000語以上といった指標がある（Nation, 1990）。

日本語でも，大規模コーパスをもとにした語彙頻度リストの構築は，近年始まっており（森（編），2016），日本語教育の様々な目的に合わせた語彙表が構築されることが期待される。

3.3 機能シラバス

機能シラバスは，文法シラバスではコミュニケーション能力がつかないとして，1970年代に提唱されたものである。機能シラバスは，依頼，誘い，助言，断り，不満表明など，言語が果たすコミュニケーション上の機能をもとに構築されたシラバスである。言語機能は多岐にわたり，定義によって100〜200の機能がある（Omaggio-Hadley, 2001; Van Ek & Trim, 1991）（資料4-1参照）。

機能シラバスは，言語形式ではなく言語使用に焦点が当たっているた

め，文法シラバスよりも総合的な言語観を表わすことができる。また，機能シラバスは，場面シラバス，トピック・シラバス，文法シラバス，語彙シラバスなど，ほかのシラバスと容易に組み合わせることができる。そのため，会話やリスニングにおいては，教材開発や評価の枠組みとして，文法シラバスより使いやすい。

　機能シラバスは，1980年代以降，主流なシラバスの1つになり，今日CEFR（Council of Europe, 2011）やACTFL Guidelinesにも採用されている。

　しかし，すべての発話を機能で分類すると，それぞれの発話を個別のものとして捉えることにつながる。その結果，教材が表現やフレーズの導入にとどまってしまい，体系的な言語知識の構築が難しくなる可能性がある。また，機能さえ果たせれば，コミュニケーションが成り立つというわけではないが，機能シラバスでは，発話の連続性，ターン交替，コミュニケーションのプロセスなどの重要なコミュニケーションの側面が考慮されていない。さらに，言語機能をどのような順番で提示するかについても，基準となる指標がないため，配列の判断が難しい。

3.4　場面シラバス

　場面シラバスは，銀行，郵便局，デパート，レストランなどのコミュニケーション場面を抽出し，そこでなされる代表的なやりとりをもとに指導内容を構成するシラバスである（表4-2）。例えば，銀行では，口座を開く，各種手続きをする，お金を引き出す，振り込みをする，口座を閉めるなどの行為が行なわれるが，それらに必要な言語項目を指導対象とする。

表4-2　場面の例

駅	バイト先
銀行	路上
郵便局	コンビニ
寮	デパート
家	公園
学校	レストラン
会社	ホテル・旅館

場面シラバスは，旅行者用の教科書など，場面ごとにしなければならないことがはっきりしており，その場面で活動できることが重要な場合によく用いられる。場面シラバスでは，学習者にとって身近な場面で，文脈の中で言語が導入される。そのため，その場面で言語がどのように使われているのか，何の目的のために使われるのかが分かりやすい。また，その場面で必要な語彙や表現がまとまって提示されるため，語彙や表現が覚えやすい。さらに，教室で学んだことがすぐに教室外でのコミュニケーションに活かせることから，学習意欲が高まるとともに，学習者の短期的ニーズにすぐに応えることができる。

その一方で，場面ごとにどのように言語が使用されるかについての研究は乏しく，何を教えるかは教材開発者やシラバス・デザイナーの直感に頼らざるを得ないという問題がある。例えば，学校という場面では，様々な会話がなされるから，代表的な会話というものを選定することは難しい。また，各場面で導入される項目をどのように配列するか，難易度をどう決めるかなど，シラバス作成上留意しなければならない点が多い。そのため，場面シラバスでは，表現やフレーズの導入にとどまることが多い。また，場面に現れない文法項目などは導入されない可能性があるなど，体系的な文法知識を構築するのは容易ではない。さらに，特定の場面で導入された項目が，ほかの場面に応用できるかどうかは分からない。

3.5 技能基盤シラバス

技能基盤シラバス（Competency-Based Syllabus）は，場面シラバスから発展したものであるが，特定の場面で必要とされる言語技能を洗い出し，配列したものであり，職業訓練における日本語教育でよく用いられる。例えば，居酒屋などのバイト先では，様々な客に適切に対応することが求められる。そのためには，そこでなされるやりとりを適切な表現を用いてこなさなければならない。また，電話のクレーム対応などでは，目に見えない顧客に対して，相手の感情に配慮した言葉遣いや返答の仕方などが必要である。このような場面で，いつ，何を，どのように言うか，などの指導には，技能基盤シラバスが適している。しかし，場面が限られてい

るため，総合的な言語運用能力の発達を目指したり，言語使用場面が多岐にわたったりする場合には採用しにくい。

3.6 トピック・シラバス

トピック・シラバスは，家族，授業，天気など特定のテーマに基づいて構築されるシラバスである（Wilkins, 1976）。例えば，初級では以下の表4-3のようなテーマに基づいて構成をすることが考えられる。

表4-3　トピックの例

数字	旅行
色	買い物
家族	毎日の生活
天気	休みの日
食べ物	趣味

また，中上級の読解の授業では，ポップカルチャー，日本の政治，経済，歴史上の大きな出来事や人物など，様々なテーマをもとに，シラバスを構成することも考えられる。あるいは，歴史上の人物という1つのテーマを軸として，それに関連するトピックを配列することも考えられる（石川, 2016）。また，内容重視型学習（Content-Based Instruction, CBI）や内容言語統合型学習（Content and Language Integrated Learning, CLIL）など，教科学習を言語学習に取り入れたアプローチも，教科内容がトピックであると考えられる。

このように，トピック・シラバスは言語能力やアプローチに関わらず，用いることが可能である。トピック・シラバスでは，学習内容を学習者のニーズに合わせることができるため，学習者に理解されやすく，言語形式の学習に価値を感じさせ，学習意欲を高めることができる。また，トピック・シラバスでは，4技能を組み合わせたり，生教材を取り入れたりすることも容易にできる。

しかし，トピックを選択する際には，トピックと言語項目のバランスをどのように取るか，内容と言語をどのように扱うか，教師は内容に関する十

分な知識を有しているのかなど，検討すべきことも多々ある。また，過度にトピックを重視するあまり，どのような言語項目，言語機能，スキルを，何のために教えているのかが見失われてしまい，トピックが消化できれば言語も習得されているはずだという誤ったビリーフを持ってしまうこともある。

3.7 スキル・シラバス

スキル・シラバスは読解，聴解，会話，作文など，何らかの目的で言語を使用するときに必要なスキルを分析し，シラバスとして構築するものである。表4-4は4技能に含まれるスキルの一例である。

表4-4　4技能のスキルの一例

話す	ターンの移行点を認知する。話題を提示する。コミュニケーション・ストラテジーを使う。話題を転換する。話を終結させる。
聞く	キーワードを聞き分ける。自然なスピーチの速度についていく。概要をつかむ。談話標識を使って，話の流れや構成を理解する。
読む	キーワードを見分ける。概要をつかむ。文脈から未知語を推測する。テクストから筆者の意図を推測する。
書く	主張と論拠を分ける。主張を書く位置を決める。主張を適切に述べる。

また，スキルによっては，さらに副次的スキルが含まれることも考えられる。例えば，ノート・テイキングには，講義の構成を理解する，講義中繰り返されたり強調されたりする言葉に注意する，キーワードを書き留める，ノートのフレームを決める，アウトラインを書くなど，様々な副次的スキルが必要である。

スキル・シラバスは，特定のスキルを伸ばすニーズがある場合，実用的なシラバスである。学習者にとっても，学習内容が理解しやすく，学習目標を設定しやすい，教えやすい，評価しやすいなどの利点がある。また，スキルは場面や状況に依存しないため，様々な状況で使用可能である。けれども，スキル・シラバスは特定のスキルに焦点を当てるので，総合的な言語学習を目的とする場合には向かない。また，第2言語学習において，スキルがどのような副次的スキルによって構成されているかなどを科学的

に分析する試みはほとんどなされていない。そのため，教師やシラバス・デザイナーの主観がシラバス作成に大きな影響を与える。

3.8 タスク・シラバス

　タスク・シラバスは，言語タスクをもとに構成したシラバスである。タスクとは，何らかの目的があり，結果を出すことが求められる活動で，タスク遂行中，学習者の焦点は意味に向けられていなければならない。そして，以下に示したように，タスク遂行過程では，人間が行なう自然な認知プロセス（natural cognitive processes）が必要である。

1. 比較する
2. 選択する
3. 分類する
4. 整理する
5. 照合する
6. 組み合わせる
7. 描写や記述をする
8. 結論を出すために意見交換をする
9. 交渉したりする
10. （時系列や論理系列の）順序を整える

　タスクという表現は，日本語教育では様々な意味で用いられるが，タスク・シラバスのタスクは上記のような特徴を有することが前提である。したがって，文型練習の後に，その文型を使ってペアで質問しあう活動や，文法項目や表現を指定して会話を作らせるような活動はタスクとは言えない。なぜなら，このようなペア・ワークやグループ・ワークでは，学習者の意識は指定された表現や文法を練習することに向けられ，意味のやりとりをすることに向けられていないからである（Ellis, 2009）。

　タスクには様々な分類があるが，主として以下の2種類に大別できる（Nunan, 1989）。

① 実生活のタスク:「銀行口座を開く」「目的地までの行き方を調べる」「電話でアルバイトに応募する」など実生活で重要かつ有用だと考えられるタスク。
② 指導を目的としたタスク:実生活のタスクを必ずしも反映しないが,人間が行なう自然な認知プロセスを反映し,第2言語習得に有効だとされるタスク。

　指導を目的としたタスクの例としては,インフォーメーション・ギャップ・タスク,マッチング・タスク,問題解決タスク,意見交換タスク,意思決定タスクなどがある。例えば,2つの絵の間違い探しや,1人が道案内をし,もう1人が道を聞いて地図上の目的地まで行くタスク,学習者それぞれが持つ不完全な情報を持ち寄って情報を完成させるジグソー・タスクなどがある。
　タスク・シラバスは,SLA研究の知見をもとに発達していったシラバスである(Ellis, 2008)。先行研究では,タスク活動中,学習者は多くの理解可能なインプットや修正インプットを受け,また,理解可能なアウトプットを産出することが分かっている。活動中に学習者は自分や対話相手の言語の問題に気づき,その問題を解決するために,意味や形式の交渉をしたり,他者からフィードバックを受けて,発話を修正したりする。このようなやりとりは,言語項目を適切かつ正確に使用する助けとなり,項目の内在化を促すと言われている。
　初期のタスク・シラバスは,タスクそのものに焦点が当たりすぎていたため,言語知識は考慮されていなかった。しかしながら,その後の研究から,意味に焦点を与えながらも特定の文法項目や表現に注意をさせることは可能であり,またそのほうが習得が進むことが分かった。その結果,現在はタスクを軸として,言語項目を選定する方法が主流である。
　タスク・シラバスは,ほかのシラバスに比べ,理論的根拠が明確で,習得効果に関する研究も進んでいる。また,タスクは学習者の主体的関与を促すものであるから,学習者中心の言語教育を達成することができるし,学習者の発話量や発話の複雑さも増し,創造的な言語使用を支援する。加

えて，タスクは場面，トピック，内容に依存しないため，様々なシラバスと組み合わせることができる。このように，タスク・シラバスにはほかのシラバスにない優れた点が多々ある。そのため，印欧語の第2言語学習ではもっとも注目されているシラバスである。

　しかし，タスク・シラバスを初級から使用できるかどうかについては意見が分かれている。言語能力が著しく低い学習者に与えられるタスクが存在するか，存在するならば，どのようなものか，タスク活動をすることは効率的な学習につながるのかなどについては様々な意見がある。さらに，タスクを中心とした場合，タスクをどのように定義し，配列するのか，また，配列することが望ましいかどうかは定かではない。

4.　シラバスの選び方

　言うまでもなくシラバスの選択は，そのコースの学習目標や学習者のニーズをもとになされなければならないが，旅行者用のガイドや職業訓練などの状況でないかぎり，1つのシラバス・タイプだけを採用することは考えにくい。一般的には，複数のシラバスを複合的に用いることが多いが，その際，すべてのシラバス・タイプを同等に考慮するか，あるいは優先順位をつけるかは学習目標によって異なる。例えば，読解の授業であれば，読解のスキルに焦点を当て，スキル・シラバスを中心として，これに読解場面を想定した場面シラバスや，テクストの内容に焦点を当てたトピック・シラバスを組み合わせていくことが考えられる。また，初級の総合日本語など，様々な能力を伸ばすことが想定されている場合，文法だけではなく，語彙力の発達も重要となるし，学習ストラテジーや，簡単な場面でのやりとりができるようになることも重要であろう。そのような場合，文法シラバスに依存するのではなく，語彙シラバス，機能シラバス，場面シラバス，トピック・シラバス，タスク・シラバスなどを組み合わせることも（例えば，資料4-2）考えられる。

資料4-1: 機能シラバス例

機能1：事実を言う・求める	
物や人などを当てる	報告する
事実を述べる・事実について聞く	情報を求める・受け取る
仮説を述べる	要約する
結論を述べる	何かのやり方を説明する
機能2：知的態度を表わす	
態度を示す・判断する	容易さについて話す・聞く
賛成か反対の意を表わす・聞く	意見や信条について言う・聞く
理解したかどうか言う	忘れる
肯定か否定かを述べる	比較する
招待したり勧めたりする・招待を受けるかどうか聞く	拒絶する
招待や勧められた事柄を受ける・断る	評価する
支援の意を言う	予測する
意図を言う・聞く	戸惑う
警告する	説明する
覚えているか忘れているか聞く	出来事を語る
可能性の有無を言う・聞く	例や例外を述べる
何かができるかどうかを言う・聞く	分類する・知っているかどうかを言う
要求や希望を言う・聞く	解決する・解決案を提案する
確かかどうか言う・聞く	言い訳する
義務があるかどうか言う・聞く	約束する
許可する・しない・許可を求める	宣言する
確認する	抗議する
問題について話す・聞く	インタビューする
機能3：感情を表わしたり聞いたりする	
喜びや好き嫌いを表わす・聞く	行為や不作為の理由を述べる
満足度を言う・聞く	重要性について述べる・聞く
遺憾の意を表わす	飽きていることを表わす
心配していることを言う・聞く	喜びや熱意を表わす
驚きを表わす・驚いているかどうか聞く	興味を表わす
趣向を言う・聞く	親近感・敵愾心を表わす
希望を言う・聞く	信頼・疑惑の存在を表わす

感謝の意を表わす	尊敬・敬意を表わす
同情する	失望する・罵倒する・あざ笑う
要求を述べる・強調する	批判する・攻める
不快感を表わす・不快に感じているかどうか聞く	我慢する
成績について話す	文句を言う・文句があるかどうか聞く
締め切りを言う	好き嫌いを述べる
機能4：倫理的態度を表わす	
謝る・許す	楽しむ
認める・認めない・認めるかどうか聞く	意地悪をする
避難する	安堵する
憤慨する	あきらめる
関心の有無を言う・聞く	期待はずれであることを表わす
困惑する・当惑しているかどうか聞く	自尊心や自分の名誉が傷つけられたと感じる
感謝する	プライド・思いやり・謙虚な態度を表わす
後悔する	倫理観や宗教的信条を表わす
機能5：遂行する	
提案をする・求める	相手に何かさせるために説得する
依頼する	計画を変更する
助言をする・求める	結論を述べる
招待する	交渉する
教示する	妥協する
脅迫する	時間があるかどうか聞く
元気づける	約束をする・破る・約束するのを避ける
協力を求める	ものを作る
急がせる	指示する
何をどうするか提言する	
機能6：人とつきあう	
相手に合わせて丁寧に・カジュアルに挨拶をする	冗談を言う
話し相手と別れる・再度会う意を伝える	感謝の意を表わす
知り合いになる	ほめる
差し障りのない話やコメントをする	体調について聞く

会話を終わらせる	心配の意を表わす
紹介する・される	同情の意を表わす
食事しながら話す	説得する
乾杯する	相手の意見を受け止める
親切にふるまう	噂をする
プレゼントをあげる・もらう	個人的なことについて詳しく話す
助ける・助けを求める	
機能7：会話をコントロールする	
割り込む	相手の理解を確認する
ある話題に注意を向ける	話題についてコメントする
話者交替をする	話題を変える
話すスピードや大きさを変える	無視する
言い換えや繰り返しを求める	会話を始める・持続させる・反応する
質問する	会話への参加を求める
説明や補足説明を求める	聞いたり見たりしたことを伝える
機能8：電話で話す	
電話をかける・電話に出る	電話をかけた人に待ってもらう
相手について質問する・応答する	話したい人と話す
電話をかけた理由を言う	かけ直す
だれと話したいか言う・応答する	電話会話を終わらせる
間違い電話であることを述べる	時間がないことを言う

資料4-2：シラバス・デザイン例（初級総合日本語）

課	トピック	機能	語彙	文法	表記	読解	聴解	コミュニケーション・ストラテジー
1	サバイバル・ジャパニーズ	・挨拶をする ・質問をする ・ものを指し示す ・謝罪する ・感謝する	数字（1-10） 呼称 こそあど 定式表現（自己紹介、挨拶、感謝、謝罪）		ひらがな			
2	自己紹介	・自己紹介をする ・他人を紹介する ・呼びかける	国名、国籍、言語、専攻、時間、学籍	～は～です ～は～ですか ～は＜疑問詞＞ですか NのN 助詞「と」、「も」	カタカナ	書式を使う（名刺）	キーワードの探し方	あいづち（1）
3	毎日の生活1	・日常生活について描写する ・コメントする	曜日 日常生活習慣表現 キャンパスの建物 気持ちを表わす形容詞	助詞「に」（時間）、「で」、「を」 ます／ました ～（～）があります 形容詞・助動詞「です」の敬体（現在形） 終助詞「よ」、「ね」	カタカナ	文字の種類を使って単語の区切りを見分ける（自己紹介メール）	単語の区切りを聞き取る	あいづち（2）
4	日本の家	・場所を尋ねる ・場所を教える ・目に見える場所を指し示す ・建物の特徴を説明する ・コメントする	部屋の名称 疑問詞（どこ、どの、どんな） 色	とても、よく、あまり この、その、あの、どの ここ、そこ、あそこ ～に～があります／います なか、そと、となり、よこ、した、みぎがわ、まえ、うえ、した、みぎがわ、ひだりがわ	上 下 中 人	挿絵から推測する（アパートの説明文）	概要をつかむ	話しかける・他人の注意を引く（1）

78

第4章　コース・デザインとシラバス

	タスク	場面・状況	語彙	文型・文法	漢字	概要をつかむ	発話の余剰性からキーワードを推測する	話しかける・他人の注意を引く(2)
5	まちとキャンパス	・人や物の形状や様態を説明する ・場所を教える	公共施設、店舗 建物を描写する形容詞・形容動詞（大きさ、古さ、立派さなど）	名詞・形容詞＋の これ、それ、あれ、どれ 「は」と「が」 ～は～にあります／います ～は～です 形容詞・助動詞「です」の敬体（過去形）	大学　先生　小　山田　川	概要をつかむ （教員研究室の説明）	省略されたキーワードを推測する	「そうですか」「そうですね」の使い方
6	毎日の生活2	・日常の出来事について説明する ・過去の出来事について説明する ・希望を言う	日常生活習慣表現 数字 (10-100) ～分	助詞「で」、「と」、「に」、「と」(with)、「や」 ～たい／たがっている 時間＋ごろ／ぐらい 格助詞＋は／も ほしい／ほしがっている	日本　今　何時　分　半　時間　私	省略された名詞を推測する（ある学生の生活）	フィラーを聞き分ける	「も」を使って共感や同意を示す。「は」を使って対比や不同意を示す
7	すききらい	・好き嫌いを言う ・比較する ・理由を述べる	食べ物、飲み物、スポーツ、音楽、レジャー、趣味	する／きらい 動詞（辞書形）＋んです ～のほうが～より いちばん ～から (理由) ～が (逆接)	月　火　水　木　金　土　曜日　毎年　好　高校　方　番	語構成と接尾辞、接頭辞から語の意味を推測する	フィラーを聞き分ける	言い換えや繰り返しを求める
8	買い物	・依頼する ・数量を表わす ・値段を言う ・買い物をする	洋服、アクセサリー デパートの売り場 値段 買い物をするときに使う表現	動詞・形容詞のテ形 Vてください 100から上の数字 助数詞（枚、本、匹、冊、円、階） 和語系列数詞（～つ）	一　二　三　四　五　六　七　八　九　十　百　千　万　円　新　古	スキャニングで情報を探る	会話の特徴を聞き取る	言い換えや繰り返しを求める

79

9	レストランと招待	・招待する ・注文する ・選択結果を言う	料理 注文に使う言葉	～ませんか、～ましょうか。 ～ましょう。 Vにいく/くる/かえる 助詞「へ」 疑問詞＋か（＋助詞） 疑問詞＋も（＋助詞） ～そうだ（推量）	行来開話読出買起呼 食飲	はがきの書式を理解する	文脈を使う	電話のかけ方・電話会話でのマナー
10	家族	・人物を描写する ・家族について話す	親族名称、性格、外観、職業、結婚、～番目、～人	状態を表す動詞・形容詞・助動詞（現在形） カジュアル・スピーチ・スタイル 関係代名詞節 ～ている（状態の継続） ～は～が	男女 口耳手 父母姉兄弟 家族両親	文章と表・図を関連づけて読む	人に関する背景知識を利用する	自分や家族について謙遜した話し方をする
11	天気と気候	・天気を説明する ・気候を説明する	天気、気候、温度、方角	～ている（動作の継続） ～は～が イ形容詞＋く、ナ形容詞＋に ～でしょう、～かもしれない 形容詞・動詞の常体（過去形）	朝昼晩 天気 雨風晴雪 温度 暑寒暖涼 休	縦書きの文章の読み方	天気予報のフォーマットを理解する	賛同と共感を「ね」「も」を使って示す
12	季節	・季節について描写する ・年中行事や休暇について描写する ・過去の経験について話す	季節、～月、～日、～か月	時間＋まえ（に）/後（に） ～時 ～たことがある ～たり～たりする ～そうです（伝聞）	季節 春夏秋冬 東西南北 弱強 長短 明暗	手紙の書式を理解する	ターン交替箇所を聞き分ける	ポーズを使って同意や戸惑いを表わす

第5章

教授法

1. はじめに

　歴史的に，言語をどう教えるかはその時代における外国語の役割や言語学習の目的，そして，言語学理論によって変遷を遂げてきた。そこで，本章では時代を追って，言語教授法を紹介していく。ここで紹介する教授法の中には，「アプローチ」と呼ばれるものと「メソッド（〜法）」と呼ばれるものがある。一般的に，アプローチとは，言語学，外国語学習，言語習得などの理論をもとに言語指導はどうあるべきかに関する原則を示したものであり，具体的にそれをどのように指導するかまでは規定していない。一方，メソッドは，実際に言語をどのように指導するかについて，指導材料や手続きを示したもののことを言う。

　したがって，1つのアプローチの中に複数のメソッドが含まれることがありうる。本来メソッドはアプローチをもとにするべきであるが，メソッドの中には，理論を基盤としないものもある。さらに，ここで紹介するものには，オーラル・アプローチやナチュラル・アプローチなど，アプローチと名前がついているが，実際はメソッドであるものもある。

2. 1930年代以前の教授法

　欧米の言語教授法の始まりはラテン語の学習から始まると言われる。17世紀の古典ラテン語は文法やレトリックの学習といった学問的な意味を持っていた。その後，19世紀にヨーロッパで革命が起こり，産業革命が起こると，人々の行き来が盛んになり，会話の重要性が認識されるようになった。これに伴い，言語の指導法も話し言葉を重視した指導法に変わっていった。

2.1 文法訳読法

　文法訳読法は古典ラテン語の学習の流れをひく教授法で，19世紀にはヨーロッパで主流の外国語教授法であった。言語学習の目的は，外国語文学の理解，外国語学習を通した知的発達と鍛錬，そして，外国語の文法の分析を通して母語の構造に関する知識を高め，母語の口頭産出能力や作文能力を高めることであった。

　文法訳読法は話し言葉よりも書き言葉を重視するため，会話や聴解は指導対象ではない。外国語はコミュニケーションの手段というより，学問の対象であるため，文法訳読法にはその基礎となる言語学や言語習得理論は存在しない。

　主な教材は，目標言語の文学作品を中心とする読解教材，2言語辞書と文法書である。教科書も，文法説明と例文，2言語の語彙リスト，読解教材で構成される。シラバスは，読解教材の内容をもとにしたトピック・シラバスであるが，文法を体系的に教えられるよう文法シラバスの要素も考慮することが多い。

　主な授業活動としては，まず教師が読解教材を音読し，その後，学習者1人1人を当て，1文ごとに音読させ母語に翻訳させる。この際，正確な翻訳が求められる。また，教師は，読解活動の前か後に文法説明をする。学習者はその文型を含む文を母語に翻訳したり，母語から目標言語に翻訳したりして，規則を覚えるよう求められる。そのほか，単語の翻訳と暗記が求められる。母語は指導の手段として，文法説明や翻訳活動，授業中の指示に使われる。

　文法訳読法の授業では，教師は絶対的な権限を有し，授業活動をコントロールする。学習者は指導の受け手であり，能動的に活動することは期待されていない。教師には，言語教育に関する専門知識や目標言語を話す能力は必要ではなく，目標言語の文法知識と生教材を読み，訳す能力があればよい。そのため，古くから，文学者が言語指導を担当する文化圏で使われてきた方法である。けれども，現在，文法訳読法はコミュニケーション能力の育成を支援できないため，総合的な言語教授法としては支持されていない。

2.2 ナチュラル・メソッド

19世紀後半,ヨーロッパでは人材交流が盛んになり,口頭でのコミュニケーションの必要性が高まった。文法訳読法はこのニーズに応えられないとして批判されるようになり,会話能力の育成を目的とした複数の教授法が提案されるようになった。これらの教授法はいずれも発達心理学に理論的基盤を置き,幼児の言語習得過程を参考に,第2言語の自然な習得を目指していたため,総じてナチュラル・メソッド(Natural Method)と呼ばれる。中でも,フランス人のラテン語教師であったグアン(Gouin, 1894)の提唱した連続法(Series Method)はサイコロジカル・メソッド(Psychological Method)とも呼ばれ,人気を博した。

Gouinは,「プレゼントを買う」,「ケーキを焼く」,「電話をかける」などの場面で行なわれる一連の動作を連鎖として言語化してみせることは,自然な思考の流れと合致するため,記憶に残りやすく学習が進むと考えた。そこで,教材として,1つの場面を6文から8文で1人の人間が行なう動作の連鎖として表わしたものを使用した。この際,すべての文が行動を表わす動詞と名詞からなり,同じテンスを用いた。例えば,「ドアを開ける」という場面では,以下のような動作の連鎖を表わす文が用いられた。

Walk toward the door.	ドアのほうへ歩いていく
Stop in front of the door.	ドアの前で止まる
Extend a hand.	手を伸ばす
Grab the door knob.	ノブを握る
Turn the door knob.	ノブを回す
Push the door.	ドアを押す
Open the door.	ドアを開ける

授業では,まず教師が,これらの動作をやってみせながら対応する文を言う。学習者は,教師のデモンストレーションを通して,目(教師のジェスチャー)と耳(言語インプット)で文の意味を理解し,学習する。次に,教師が文を言い,対応する動作を学習者と一緒にする。それから,教

師が文だけを言い，学習者は全員で動作をする。その後，学習者全員で文を言い，ジェスチャーをする。最後に，個々の学習者が文を言いながらジェスチャーをするという流れで授業は進む。その後に読解や作文活動をすることもある。

　ナチュラル・メソッドでは，教師は文法説明を通して演繹的に学習させるのではなく，モデルの提供者となり，教室活動を通して言語形式を帰納的に学ばせる。これにより，自発的な使用を促すのである。視覚的，聴覚的に理解しやすいことは，言語形式と機能のマッピングを促進しやすいという利点があり，この手法は現在も全身反応法（Total Physical Response, TPR）などにも応用されている。しかし，活動動詞を中心とするため，動作で表わされないものを指導するのには向かない。また，言語習得はすべて活動から始まるわけではなく，物を指示したり，趣向を表わすなど習得初期の基本的な機能は扱われないため，言語習得の一側面のみを取り上げた教授法と言える。

2.3　直接法

　19世紀後半には音声学をはじめとする言語学研究が盛んになり，口頭コミュニケーションの必要性とも重なって，音声言語の指導の重要性が一般的に認められるようになった。国際音表文字（International Phonetic Alphabet, IPA）が作られたのもこの時期である。外国語教育の目標は，話し言葉を教えることであり，音声学の知見を活かし，耳で学習することが求められた。この時期に発展したのが，直接法（The Direct Method）である。直接法はナチュラル・メソッドの中でも最もよく知られている教授法である。直接法の指導は，以下のような基本原則に基づいて行なわれる（Richards & Rogers, 2001）。

1. 授業は目標言語のみで行ない，話すことと聞くことに焦点を当てる。
2. 指導の目的は話すことと聞くことにある。学生には口頭で質問し，質問に答えられるような指導をする。

3. できるだけ初期の段階から学習者に目標言語で考えさせる。
4. シラバスは場面シラバスかトピック・シラバスを用い，文法シラバスは用いない。
5. 日常生活で使用する語彙と文を対象とする。
6. 新しい項目は口頭で導入する。
7. 語彙は，実物（レアリア），写真，絵などの視覚的教材を使って教える。抽象語は連想法などを使って教える。
8. 正確な発音と発話を重視する。
9. 文法は帰納的に教える。学生は類推を通して自分で規則を見つける。
10. 教師は質問を通して，学習者の自己修正を促す。
11. 授業は，少人数クラスで教師と学習者の質疑応答によって段階的に進める。

　直接法の授業は以下のような流れでなされる。例えば，「日本の地理」というトピックの授業で，教師は簡単な読解教材を使って音読をさせ，分からない言葉や表現などについて学生とのやりとりを通して確認する。また，視覚教材などを使って，有名な山，川，町，あるいはその地域で行なわれる活動などの語彙を紹介しながら，学習者の発音のチェックなどをする。さらにその場面に関する質疑応答を通して，文法を機能的に教える。直接法では文法よりも語彙が重視され，特に発音は初期段階から焦点が当てられる。読解教材はあくまでも話し言葉の練習のためにあり，話し言葉を学ぶことで読解力もついてくると想定されている（Larson-Freeman & Anderson, 2011）。
　直接法を用いた指導で最も有名なのはベルリッツ・スクール（Berlitz School）と呼ばれる少人数制の私立の語学学校であろう[1]。ここでは，目標言語の母語話者がマン・ツー・マンか2，3人の学習者を相手に個別に指

---

[1] ベルリッツ・スクールでは，直接法という言葉を使わずベルリッツ・メソッド（Berlitz Method）と呼んでいる。

導しており，学習者のペースに合わせた指導が可能である。ベルリッツ・スクールでは，本などは使わず，口頭での文レベルの問答で授業が行なわれる。

　直接法の教師は目標言語の母語話者でなければならない。また，教科書に依存する教え方ではないため，口頭で機能的かつ簡潔に文法を教え，学習者の発話をできるだけ促し，会話を進めるといった高度なスキルが必要である。一般の教室で直接法で正しく教えられるスキルを持つ教師や，母語話者並みの発音と日本語能力を有する非母語話者教師は必ずしも多くはない（Brown, 1994）。直接法の目的は学習者の「話す」,「聞く」能力を伸ばすことであるから，学習者の発話の機会はできるだけ多くしなければならない。スキルのない教師は，長い説明をしたり，話しすぎたりして，学習者の発話を減らしてしまうのである。

　直接法は音声学を主とする言語学的な基盤はあるが，言語教育に必要不可欠な応用言語学的な根拠は存在しない（Sweet, 1899/1964）。このような理由で，欧米の印欧語教育では20世紀前半には直接法は使われなくなった。

　直接法という用語は日本でもよく使われるが，日本語教育では本来の意味で使われていない。母語を使わないという点では本来の直接法と共通しているが，場面，トピック・シラバスの代わりに文法シラバスを用いる点，少人数の口頭での問答を中心としたやり方ではない点で，本当の意味での直接法とは大きく異なる。日本で直接法と呼ばれている教授法は，正確にはオーラル・アプローチ／場面教授法の発展形であるPPP（Presentation, Practice, Production）である。そこで，次節ではオーラル・アプローチについて説明する。

3. 1930年代から60年代のアプローチ
3.1 オーラル・アプローチと場面教授法

　1920年代から60年代にかけてイギリスの応用言語学者は，直接法はどのような順番で言語形式を体系的に指導するか，どのように文脈からの類推を促すかなど，方法論的原理が欠如していると批判した。そして，こ

の方法論的原理を基盤にしたアプローチとして，オーラル・アプローチ（Oral Approach）を提唱した。オーラル・アプローチの中でも，Palmer や Hornby らの場面教授法（Situational Language Teaching）と言われる教授法は，当時のイギリスの代表的な言語教授法であった（Smith(Ed.), 2004）。

Palmer らがシラバスの基礎としたのはイギリスの構造主義言語学であった。構造主義言語学はスイスの言語学者ソシュール（de Saussure, 1916/1983）によって提唱され，言語の歴史的変遷を研究の中心としたそれまでの言語学を大きく変えた。構造主義言語学では，発話データのコーパスをもとに，音節，形態素，語彙，動詞，文のタイプなどを分類した。この考えはヨーロッパのみならず，アメリカにも広まったが，イギリスの構造主義言語学は，言語形式と意味機能との対応に焦点が当たっており，形式がどのような場面で現れやすいかが重要であった。

Palmer らは文法項目をパターンとして分類し，構造的にやさしいものから難しいものまでを配列した文法シラバスを作成した。その際，文法はその文型をできるだけ話すように設定された場面で教えるべきであるとしている。ただし，この場面とは，いわゆる場面シラバスで扱われるような，コミュニケーションの場面を意味するのではなく，あくまでもその文型が使いやすい場面という意味である。例えば，「これは〜です」というパターンを教える場面は，教室で目の前にいろいろなものが置いてある場面であるが，この場面では，何らかの現実的なコミュニケーションが起こることは想定されていない。

また，語彙は読解の最も重要な基礎であるとし，頻度をもとに教育語彙として 2,000 語を選択し，文法シラバスに合わせて，各課の文法で使いやすいものを配列した。

場面教授法の学習理論は，行動主義心理学であり，言語は習慣形成を通して学習されるとした。Palmer（1940）は言語の学習過程には，①教材や知識を受容する段階，②反復練習を通して記憶する段階，③実践的な運用練習を通して身につける段階の 3 段階があるとした。

場面教授法は 4 技能の獲得を目的とするが，すべての技能の獲得は構造の獲得を前提とする。そのため，構造の正確な獲得は非常に重要で，学

習者の間違いは許容されない。場面教授法では，以下のような指導原理をもとに指導を行なう。

1. 言語教育は話し言葉から始まる。指導項目は視覚的に導入する前に口頭で導入する。
2. 授業で使う言語は目標言語のみである。
3. 指導項目はその項目がよく使われる場面を用いて指導する。
4. 基礎語彙が必ずカバーされるよう語彙を選択しなければならない。
5. 文法は構造的に簡単なものから導入し，段階的に複雑なものを導入する。
6. 読み書きは語彙と文法の基礎が固まってから導入する。

上記の指導原理をもとに，Frisby（1957）は次のような文法導入のシラバス例を提示している。この例では，第1課で *I am* ~ という文型と述部に合う語彙が導入される。第2課ではbe-動詞の3人称単数現在形の *is* が，第3課ではそのほかの現在形の *are* が導入される。第4課では疑問形と肯定の応答，そして第5課では疑問に対する否定の応答が導入される。

表5-1 場面教授法のシラバス（Frisby, 1957）

課	文型	語彙
第1課	I am hungry.	thirsty, poor, alone, ….
第2課	He is lazy.	prompt, slow, clever, ….
第3課	You are crazy.	bold, mad, intelligent, ….
第4課	Am I hungry? Yes, I am.	strange, old, blind, ….
第5課	Is he lazy? No, he is not.	sick, rich, busy, ….

場面教授法では，表5-1にあげたような文法シラバスを用いた教科書とフラッシュカード，表，絵やスティック・フィギュアなどの視覚教材を用いて，次のような手順で指導を行なう。

1. 教師が文型パターンの例文を複数回言ってモデルを提示する
2. クラス全体での反復練習
3. 個人レベルでの反復練習，教師によるエラー・チェック
4. 新しい語彙を含むパターンの導入
5. 教師が絵やジェスチャーなどの視覚的キューを出し，学生に文型を言わせる
6. 教師が単語を言ったり，視覚的教材を使ったりして，文型の代入練習をする
7. Q&Aドリル

　ドリルの後は，復習をし，個々の学生のエラーや間違いを矯正し，確認のためのテストをする。このほかにも，短文の音読やディクテーションなども行なわれる。場面教授法で用いられている，モデル提示，ドリルといった流れは，のちにPPP（Presentation, Practice, Production）と呼ばれる指導のモデルに発展した。Presentationの段階では，教師が学習対象項目に関する情報を提示，または説明をする。Practiceの段階では，学生が学習項目について練習をする。そしてProductionの段階では，文脈の中で学習項目を使うといった流れであり，今日多くの文法シラバスを用いた教科書で採用されている。また，導入や練習方法は文法シラバスとは異なるが，一部のコミュニカティブな授業でも見られる。

　場面教授法の教師の役割は，モデルを提示する，ドリルを使って学習者に効率よく文型練習をさせる，そして，訂正フィードバックを与えることである。文法の明示的説明はせず，帰納的に教える点，母語を使わない点では直接法と似ているが，直接法では学習者と教師が個別の問答をしながら文法や語彙を学習していくのに対し，場面教授法では教師は授業を完全にコントロールし，文型練習を通して文型と語彙を獲得させる。学習者は，モデルを聞き，教師の指示に従って練習だけを発話するから，自分の学習をコントロールすることはできず，受動的な立場に置かれる。

　Palmerは1922年から1936年まで日本に滞在し，場面教授法を用いて英語指導を行ない，国内の英語教育に大きな影響を与えた（伊村, 1997）。

その影響かどうかは分からないが，今日国内の初級日本語教育でも主流と言える教授法になっている。実際，日本やアジア圏の教師の中には，場面教授法の基本理念である言語運用能力の基礎づくりには文型の獲得が必須であると考える者も少なくない。この教授法は，指導手順をきちんと学びさえすれば，技術力が高くない教師でも指導できる。また，体系的に構築された教科書は，教師にも学習者にも，何を学習しているのか理解しやすい。

けれども，この考え方は，現在の言語学，社会言語学，習得理論の立場から考えると多くの問題がある。まず，場面教授法の基盤である構造主義言語学は，第 1，第 2 言語習得過程において学習者が創造的に文を構築するメカニズムを説明できない。次に，学習者のエラーを厳しくチェックするという考え方も習得論的に間違っている。学習者は言語インプットと照らし合わせながら，言語形式に対する仮説を立て，言語を産出し獲得する。そのため，習得過程において，様々なエラーを産出するが，これらすべてが直ちに矯正されるべきものではなく，習得が進むと消えていくエラーもある。第 3 に，場面教授法では，発話の適切さ，語用論的機能などコミュニケーションに必要な社会言語学的側面は考慮されていない。最後に，学習者が常に受け身の立場であるため，自律学習を支援しない。

3.2 オーディオ・リンガル・メソッド

アメリカでは第二次世界大戦までは体系的な第 2 言語教育はあまり行なわれなかった。しかし，戦争により，翻訳者や暗号解読者の需要が高まったことや，戦後海外からの留学生が急増したことにより，第 2 言語教育のニーズが高まった。これをきっかけにミシガン大学をはじめ，アメリカの大学では第 2 言語としての英語（ESL）教育を体系的に指導する試みがなされた。さらに戦後の冷戦のさなか，ロシアがアメリカに先駆けて人工衛星，Sputnik を打ち上げたことはアメリカにとって大きな脅威となった。アメリカ政府は科学的発展に遅れないためには外国語学習が必須であるとして，1958 年に国家防衛教育法（the National Defense Education Act）を発足させ，教材開発と教員養成に取り組んだ。オーディオ・リンガル・メ

ソッド（Audio-Lingual Method, ALM）はこの集大成と言える教授法であり，言語の本質は音声言語だとして，音声言語の習得を目指す方法である。

3.2.1 ALM の理論的背景—行動主義心理学と構造主義言語学，対照分析

ALM は，当時主流であったアメリカの構造主義言語学，対照分析，そして，行動主義心理学を基盤とする科学的根拠に基づく言語教育として提唱された（Fries, 1945; Lado, 1957）。

アメリカの構造主義言語学もヨーロッパの構造主義言語学から派生したものであるため，実際の母語話者の発話データをもとに，音素，音韻，形態素，語彙，句，節，文の構造的パターンを分類し，音韻論（音素，音韻構造），形態論（語幹，接尾辞，接頭辞，活用），語彙論（名詞，動詞，形容詞など），統語論（句，節，文のタイプなど）それぞれを体系的に分析した（Bloomfield, 1933）。そして，言語を学ぶには，言語を構成する最も小さい要素，つまり音韻体系を完全に習得してから，形態素，語彙，句，節，文へと結合していく規則を学ぶべきだと考えられた。また，言語には文字がない言語はあっても音声のない言語はないとし，言語の基本は話し言葉であるとした。

アメリカの構造主義言語学はヨーロッパとは別の独自の発展を遂げていった。ヨーロッパ言語は古くから記述され文字化されていたため，記号としての言語（langue）と言語使用（parole），統語関係と語形変化など，ヨーロッパ言語に共通する理論を追求する研究がなされた。しかし，アメリカでは文字を持たない原住民の言語が存在し，これらの言語の構造を分析する必要があり，理論よりも正確な言語の記述と，分析結果の応用が重要であった。また，アメリカでは言語研究は文化とは切り離せないものであったため，言語と文化の関係も研究の対象であった。

ALM を支える学習理論は行動主義心理学であった（Skinner, 1957/1992）。行動主義心理学では，言語学習を言語以外の学習と区別せず，学習は習慣形成によってなるとした。図 5-1 は，行動主義心理学の学習過程を示している。まず，有機体（人）が言語インプットを刺激として受け，それを認知し，反応する。反応が正しければ，肯定的なフィードバックを受け，そ

の反応は強化され，次に同じような刺激が与えられると同じ反応が繰り返される。しかし，反応が間違っていた場合，否定的な評価を受けるから，その反応は制御され，次回同じような刺激を受けても繰り返されない。この過程を徹底的に繰り返すことによって，間違いは減っていき，言語刺激に対する正しい反応の習慣が形成される。

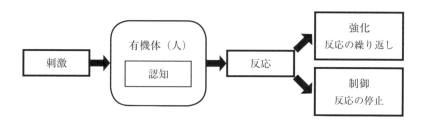

図5-1　行動主義心理学における学習

ALMでは，第1言語と第2言語では習慣が異なり，第2言語学習者は母語とは異なる習慣形成をすると考えられている。そのため，第1言語と第2言語の習慣が同じ場合，習得は容易になるが，第2言語との習慣が異なる場合，習得が難しくなると予測される。そこで，第1言語と第2言語の類似点と相違点を明らかにするため，2言語間の対照分析が行なわれた。

3.2.2　ALMの特徴

ALMでは，話し言葉を流暢かつ即時的に処理することを主目的とする。そのため，音声パターンを聞き分けるためのリスニング，文型を即時的に言うためのスピーキングが指導の中心であり，書き言葉は重要視されていない（Lado, 1964）。

ALMのシラバスは，対照分析をもとにした習得困難点と構造的複雑さを考慮した文法シラバスである。語彙は，記憶の負荷を減らすため，文型学習が円滑に進むように数を限り，その文型を含む短文（パターン）の中で教える。教材としては，母語話者の発話やダイアローグ，パターンを録音したものを用いるが，その際，言語的文脈だけではなく，文化的文脈に

も配慮する。文字は指導手段として用いられず，文字そのものや読解，作文の指導はある程度話し言葉の習慣形成がなされるまで行なわれない。間違いの可能性を減らすため，初級での文字導入は話し言葉の模倣から始まり，読解教材はダイアローグに基づくものや，学習者がすでに言える内容のものを使う。指導は，以下のような手順で行なう。

1. 指導対象とする文型が入ったモデル・ダイアローグを聞く。
   A：わたしは　いぬが　すきです。
   　　スミスさんは　どうぶつが　すきですか。
   B：ええ，わたしは　ねこが　すきです。
   A：いぬも　すきですか。
   B：いいえ，いぬは　あまり　すきじゃありません。
2. モデル・ダイアローグを1人1人で，そしてクラス全体で復唱し，教師は学生の発音や文法の間違いを厳しくチェックする。正しく言えるように復唱させながらモデル・ダイアローグを少しずつ暗記させる。
3. 学習者に，モデル・ダイアローグの中の単語や表現を自分に合わせて代えさせ，言わせる。
4. 指導項目である文法の文型練習をクラス全体と個人でさせる。
5. レベルによって対話に基づいた読解教材などを導入する。
6. 宿題として，ランゲージ・ラボで対話練習と文型練習を行なう。

　指導の焦点は，モデル・ダイアローグの暗記と徹底した文型練習による習慣づくりであるため，即座に流暢に話すことが重要である。また，習慣づくりのためにも，明示的な文法指導は行なわず，文法は文型練習から帰納的にパターンを類推させる。以下は，主な文型練習の種類である。

① 反復ドリル・ミムメム練習（repetition drill）
   教師：わたしは　いぬが　すきです。
   学生：わたしは　いぬが　すきです。

② 代入ドリル・置換ドリル（substitution drill）
　　教師：わたしは　いぬが　すきです。トム。
　　学生：トムは　いぬが　すきです。
③ 変形ドリル（transformation drill）
　　教師：わたしは　いぬが　すきです。いいえ。
　　学生：わたしは　いぬが　すきじゃありません。
④ 結合ドリル（combination drill）
　　教師：わたしは　いぬが　すきです。トムも　いぬが　すきです。
　　学生：わたしと　トムは　いぬが　すきです。
⑤ 拡張ドリル（expansion drill）
　　教師：スミスさんは　いぬが　すきじゃありません。あまり。
　　学生：スミスさんは　いぬが　あまり　すきじゃありません。
⑥ 完成ドリル（completion drill）
　　教師：わたしは　いぬが　すきです。スミスさんは...
　　学生：わたしは　いぬが　すきです。スミスさんは　いぬが　すきじゃありません。
⑦ 文構築ドリル（sentence construction drill）
　　教師：わたし　いぬ　すき。
　　学生：わたしは　いぬが　すきです。
⑧ 問答ドリル（question & answer drill）
　　教師：スミスさんは　いぬが　すきですか。
　　学生：いいえ，すきじゃありません。

　ALMは，教師が学習者の母語を使わない点で，直接法，オーラル・アプローチ，場面教授法と似ている。また，4技能を重視した教授法ではない点では，直接法に似ている。その反面，文法シラバスを使うが明示的指導を行なわない点では，オーラル・アプローチや場面教授法と共通している。オーラル・アプローチと場面教授法でも行動主義心理学的文型練習は多いが，ALMほど徹底的な文型練習が重視されるわけではない。
　ALMで教える教師は，母語話者モデルであるだけではなく，即時的か

つ正確な応答や唱和をさせ習慣形成をさせる存在でもある。そのため，教師は絶対的な権限を持ち，学生は受動的にそれに反応する存在である。

　ALMは，音声重視の教授法であるため，初級から発音を徹底的に矯正される。その結果，一般的に学習者の発音は向上する。また，指導手順がはっきりしており，指導の仕方も比較的簡単であることから，高い技能を持たない教師であっても指導は可能である。さらに，文型練習は頭で考えるというより，体で慣れさせる方法でもあるので，広範囲の学習者に適応できる。

　しかし，ALMは当初期待されたほどの効果がなかった。その一因として，指導が単調となりがちで，学習者の学習意欲が維持できないという問題がある。次に，機械的な操作に頼る文型練習は，意味が分からなくてもできるため，言語形式と意味を連結させることはできない。つまり，習慣形成をしても，自分で新たな文を構築する力が育成できないのである。また，文法を重視するあまり，基本的な語彙力が身につかないことや，実際のコミュニケーションの場面で適切に言語を運用するような応用力がつかない点で限界がある。

　さらに，ALMを支える構造主義言語学，行動主義心理学，対照分析のいずれもその後の研究により妥当性を失っていた。まず，構造主義言語学には意味と形式の関連を説明できないという問題があった（Chomsky, 1957）。例えば，構造主義言語学では，文法的には正しいが，意味論的には全く意味のない表現（例：*Colorless green ideas sleep furiously*）がなぜ英語の文として認められないか説明できない。また，表層構造が同じでも意味が全く異なる文がどう構造的に違うのかも説明できない。例えば，以下の2文は形容詞の *easy*（簡単だ）と *eager*（熱心だ）が違うだけで，表層構造はほとんど変わらないが，（1）では，主語が不特定の第三者で，*please*（喜ばせる）の対象は *he*（彼）である。一方，（2）では，主語が *he* であり，*please* の対象は *he* ではなく不特定の第三者である。

　　（1）　He is easy to please.　　　彼は喜ばせやすい。
　　（2）　He is eager to please.　　　彼は人を喜ばすことに熱心だ。

行動主義心理学に対しては，Chomsky（1957, 1965）は以下のような批判をしている。まず，人間が話す言葉には，言い間違い，言いよどみ，言い換えなど，様々なエラーがあるが，まだ脳の発達していない幼児は，文法的に正しくない不完全なインプットから5歳までにほぼ完璧に母語を習得すると指摘した。もし行動主義心理学が正しいならば，幼児は正しくないインプットを模倣し，正しくない発話をするはずであるが，そうではない。また，「刺激→反応→強化」のみで学習するのであれば，幼児は刺激には全くない，創造的な発話ができないはずであるが，実際の言語習得過程で幼児は聞いたこともない様々な発話をする。これらの現象は行動主義心理学では説明ができない。

さらに，対照分析についても多くの反証があげられた。対照分析は学習の難易度を予測するはずであったが，難易度を予測することも，難易度の理由を説明することも十分できなかった。例えば，日本語と英語では語順が違うため，英語の語順は日本語母語話者にとって，日本語の語順は英語母語話者にとって，難しいはずであるが，Sasaki（1994）は英語母語話者が日本語の語順を初期段階で習得することを実験的に証明した。また，第2章でも述べたように，言語項目によっては，母語や学習環境に影響されない習得順序に沿って習得される項目が存在するが，対照分析でこの現象は説明できない。さらに，学習者の間違いは必ずしも母語だけが原因であるわけではなく，特定の文法規則を過剰使用することが原因である場合もある。例えば，授受表現の「あげる」の過剰使用は形式と意味の1対1対応を学習者が好むために起こるのであって，母語とは関係ない。また，「おおきいのほん」といった「の」が過剰に使用される現象は母語の影響だという研究者もいれば（明治書院企画編集部（編），1997），母語話者にも見られる規則の過剰使用だという研究者（白畑，1994）もおり，母語だけで原因が説明できない（奥野，2005; 迫田，1998）。

ALMを支える理論そのものが否定されるようになったことや，期待された効果が得られなかったことから，ALMの人気は徐々に薄れていったが，コミュニカティブ・アプローチが注目を集めるようになるまでは，ALMに取って代わるほど影響力の強い教授法は提唱されなかった。

3.3 ジョーダン・メソッド

ジョーダン・メソッド（Jorden Method）は，コーネル大学の言語学者で日本語教育の専門家であった Eleanor Harz Jorden が開発した教授法であり，ALM と様々な点で共通する。例えば，両方とも音声重視の教授法であり，音声・音で覚えること，文字を指導の手段とせず，文字の導入が遅いこと，重要構文を含むダイアローグの暗記と文型練習に重点が置かれ，即時的に反射できる習慣形成が指導の中心にあることなどが共通する。Jorden の初級の教科書，*Beginning Japanese*（Jorden & Chaplin, 1962–1963）や *Japanese: The Spoken Language*（Jorden with Noda, 1987–1990）は独自に開発したローマ字表記を持ち，音声指導に重点が置かれている。

しかし，ジョーダン・メソッドは文法を明示的に教えるという点で ALM とは大きく異なる。Jorden の教科書では，文法説明の部分を fact（事実），文型練習と応用練習を act（行動）に分けており，fact は日本語に熟達した英語母語話者が，act は日本語母語話者が担当することを推奨した。ジョーダン・メソッドは，このメソッドで教えらえる教員養成に熱心に取り組み（Alex Foundation の日本語教育研修プログラムなど），1970 年代から 80 年代には全米に広まったが，読み書きの指導が遅れることや英語母語話者と日本語母語話者を区別することに対しては批判も多かった。そして，90 年代に日本語でもコミュニカティブ・アプローチが人気を集めるようになると，この教授法を推進してきたコーネル大学，オハイオ州立大学，ブリガムヤング大学，ワシントン大学セントルイス校などの一部の大学以外では使われなくなっていった。

3.4 1930 年代から 60 年代の教授法の評価

1930 年代以降は，教授法に科学的根拠を求め，外国語教育は言語学や応用言語学，心理学，学習理論などの影響を強く受ける時期でもあった。この時期は衒学的分析や対照分析をもとにした文法シラバスを用い，行動主義心理学に基づく習慣形成によって言語を獲得させる教授法が台頭した。この文法中心の教授法は，理論的に妥当性の問題があるが，コミュニケーション能力の育成が重要視される現在でも，教育現場ではよく用いら

れる方法である。日本国内で『みんなの日本語』のような文法重視の教科書が標準教科書として採用されていることもこの傾向を表わしている。おそらく，日本では，教室外でコミュニケーションを必要とされる場があるため，教室現場では，この方法でもよい，あるいは文法をしっかり教えたほうがよいというビリーフがあるのかもしれないが，教室外で語用論的能力やインターアクション能力が自然習得される保証はない。また，近年重要視されつつある，フォーミュラ能力については，教室外でも学習者が自然な日本語を使えない原因と考えられている（Wray, 2008）。よって，長年受け入れられてきた考え方だからといって，それが正しいと仮定していては，第2言語としての日本語教育の進展は期待できない。

4. 1970年代の教授法―ヒューマニスティック・アプローチ

アメリカの外国語教育においては，1970年代は方法論的な混乱期であった。ALMの限界は明らかにされていっても，言語学者，応用言語学者もこれに代わる新しい方法論を生み出すことがなかなかできなかった。

その代わりに，言語とは異なる分野からいくつかの教授法が提案された。これらは総称してヒューマニスティック・アプローチ（Humanistic Approach）と呼ばれ，習慣形成を軸とする学習方法に対して，人間を機械のように扱い，人間に内在する学習能力や創造力を無視する方法であるとして批判的であった。いずれも，指導よりも学習に焦点が当たっており，教師は学習を支援するものであり，授業の中心的存在ではなかった。その代わりに，学習者が生得的に持っている学習能力を活かした学習を目指し，学習者の自律性を尊重し，学習者の目から見た学習が起こることを重要視していた。

4.1 コミュニティ・ランゲージ・ラーニング

コミュニティ・ランゲージ・ラーニング（Community Language Learning, CLL）はカウンセリング・ラーニングとも呼ばれ，神父であり，心理学の教授でもあったカラン（Curran, 1976）によって開発された教授法で，その理論的背景はカウンセリングや心理学である。CLLでは，学習の際

に不安や恐怖から身を守ろうとする（防衛的学習）と，学習そのものが自衛的になり，効果が低くなるため，これを回避する必要があると考えられている。そして，効率的に学習を進めるためには SARD（Security, Attention, Aggression, Retention, Reflection, Discrimination）と呼ばれる6要因が必要不可欠であるとしている。つまり，安心感（Security）が保証される学習環境を整え，学習者の注意（Attention）を教室活動に集中させることによって，積極的な（Aggression）学習を実現させる。積極的な学習によって学習したものはより深く定着（Retention）し，振り返り（Reflection）によって，学習内容が内在化されていくのである。このプロセスの繰り返しにより学習者は自らが学習したものとそうでないものを識別（Discrimination）できるようになる。

　Curran はこのような学習には契約によるコミュニティが不可欠だと述べている。契約によるコミュニティとは，学習者たちが目標を達成するために互いに協力しあうことに合意し，それを承認する関係を意味する。教師を含め学習者全員が，総意で目標達成のための決まりを設けることにより，学習者の学習に対する自意識・責任感を高めるのである。このような形でコミュニティが形成されれば，外国語学習者の不安・恐怖は最小となり，効率的な学習が達成できる。共通の目標とその達成のための契約が存在しているという点で，コミュニティ学習は，単なるグループ学習とは異なっている。また，時間経過に伴う自意識や責任感の低下を防ぐために，CLL では振り返りを重視している。

　CLL の目的はコミュニケーション能力の育成であるが，それは全人的な学習（whole person learning）でなければならない。つまり，教師は学習者の知性だけではなく，周りの人間に対する気持ちや行動，学習意欲を考慮しなければならない。その意味では，言語学習は人の成長に例えられ，目標言語における学習者のグローバルな外国語能力の習得には，以下の5段階があるという（表5-2）。

表 5-2　言語学習の成長段階

胎児期	完全に教師に依存し，教師の補助なしには目標言語が話せない。
自己主張期	教師に依存しながらも，少しずつ自信がつき単純な文を使い始める。
別個存在期	自分たちだけで目標言語だけで会話することを望み，教師の干渉や援助を避ける。
役割転換期	教師がいなくても会話ができるが，教師の知識に依存しなければ今以上の上達が困難だと認識し，教師の援助を求め積極的に受け入れる。
独立期	教師から完全に独立し意思疎通ができるが，微妙な言語面での洗練や手直しが必要とされる場合がある。

　CLLでは事前に用意されたシラバスはなく，教材も必ずしも必要ではなく進度に応じて補助教材を使う程度である。教科書は学習者に特定の言語内容を押しつけ，学習者の自己成長を妨げると考えられているからである。その代わりに，学習者自身が話したい内容を教師が目標言語で言い換え，それを学習者に復唱させたものを教材とし，シラバスは学習者と教師の相互作用から生まれる（La Forge, 1983）。授業の流れは以下のとおりである。（3～5はある程度習熟度が上がってから行なう。）

1.　会話体験

　学習者を円形に座らせ，その中心にマイクつきレコーダーを置く。制限時間を設け，学習者に話させる。教師は円の外側に立つ。話す内容やペースは学習者に決めさせ，発言したくなった学習者がマイクを取る。自信がある学習者は日本語で話してもよく，日本語での表現が分からない学習者は，教師の助けを求める。教師は学習者の背後に寄り，学習者が母語で言った表現を目標言語で言い換え，学習者にささやく。学習者は，マイクに向かって日本語を話す。この過程を繰り返す。

　制限時間が過ぎたら，クラス全体で振り返りを行なう。会話終了後，学習者は会話体験中にどのように考え，感じたかを母語で語り合う。その際，教師は，温かく学習者の気持ちを理解

し，支えるように耳を傾け続ける。次に，録音された学習者による会話を，最初から最後まで通して再生する。教師が会話の最初の部分から1文ずつ再生し，黒板などに書きながら，その文に含まれる文型・文法・語句などに解説を加える。この文字化した資料を宿題などにし，家で復習させる。

2. ペア・グループ活動
   向かい合って会話をし，制限時間が来たら，1人ずつずれて会話をする。一定時間が過ぎたら，振り返りをする。

3. ロールプレイ
   場面，状況，人間関係のみが与えられているロールプレイをさせ，自由な発話を促す。学習者は，協力して会話を作り上げていく。この際教師は，求められた助言のみをする。活動の後に振り返りをする。

4. 紙芝居づくり
   ロールプレイで作り上げた会話などをもとに紙芝居を作る。

5. 質問・答え・観察
   3人1組のグループ（クライアント，カウンセラー，観察者）になり，クライアントがテーマや問題を決め，カウンセラーに話す。カウンセラーはクライアントに質問をする。観察者は，チェックリストなどを用いて，様子を記録する。5分経ったら振り返る。

　CLLは学習者主体の教授法であり，言語面だけではなく言語学習の人間的な側面も重視する点で，ほかの教授法にはない学習者の内面を尊重した指導を達成する。CLLの教師は，学習者や学習内容をコントロールする存在ではない。あくまでも，カウンセラーとして，穏やかに個人的判断を避けながら協力的な姿勢で対応し，学習者自身が問題を整理し，分析する補助をする。そのため，学習者が成長段階のどこにいるかによって，学習者に対する関わり方を変える。その代わり，学習者は自分の学習に責任を持たなければならないし，すべての教室活動に積極的に参加し，宿題を

きちんとやって提出日に出し，テストなどの間違いを復習する。授業は休まず，遅刻せず，私語はせず，教師に意見や提言などのフィードバックを与えることを約束する。

　CLLの教師には目標言語と学習者の母語の高い能力が求められる。学習者主導の後行シラバスであるため，教師の負担は非常に大きく，学習項目の難易度を段階的に上げられるとはかぎらない。また，先行シラバスがないために，到達目標がはっきりしない。そのため，同一教育機関内で複数のクラスがある場合，教育目標やテストの統一は困難である。コミュニティ内の相互信頼関係を構築し，維持させるためには，教師が学習者の可能性を信じながら，我慢強く，穏やかな表情と気持ちを保ち続けることが重要であるから，どのような教師にも向く方法ではない。さらに，自発的に会話することに強い抵抗や羞恥心を見せる学習者への対応は難しい。CLLでは正確さよりも流暢さを重視するため，目標言語構造が十分習得できるのかについては疑問が残る。

4.2　サイレント・ウエイ

　サイレント・ウエイ（The Silent Way）は数学者ガテーニョ（Gattegno, 1963）が主として初級レベルを対象として考案した教授法である。Gattegnoは，学習は人間の知的潜在能力を活かすことによって起こるのであり，ALMのような模倣やドリルでは，本当の言語習得は起こらないと考えた。知的活動は学習者に自分の経験に基づくあらゆる手段を使わせることができる。したがって，効果的な言語学習をするには，第2言語に対する気づき（awareness）を促し，気づきの中で学習させることで，さらに気づきを促す必要がある。これにより学習能力が高められるという。そして，気づきを伴う学習をさせるためには，言語機能を自律的に習得させる問題解決タスクなどの知的活動が効果的だと考えられる。自律学習能力を高める言語学習は，自然な学習方法ではなく，意図的に人工的なものであっても場合によっては必要だとしている。

　サイレント・ウエイが初級学習者を対象としているのは，もしこの方法によって学習能力が定着しているのなら，学習者は自律学習のためのスキ

ルを養えるはずであるから，情報提供者さえいれば，自分で学習できるはずだと考えられているからである。

　Gattegnoが最終的に目指したのは，母語話者に近い流暢さと正確な発音であるが，サイレント・ウエイで目的とするのは，初級学習者に目標言語の実用的な文法知識の基礎を与えること，正しいアクセントで話し，自分に身近な日常の出来事について話したり聞いたりすること，そして，基礎的な表記，読解，ライティングができることである。これらを達成するために，採用されているのが文法シラバスである。問題解決タスクの目的は，学習者に文法のパターンを見つけさせ，それを運用させることにある。

　サイレント・ウエイによる指導は，1日2，3時間程度，全部で60～90時間程度を要する。サイレント・ウエイと呼ばれるゆえんの1つに，教師が沈黙することがある。教師は非言語的な手掛かりを出し，学生たちは相互に協力しながら問題解決に当たる。従来の教授法のようにあらかじめ答えとなる言語情報を提供しないのである。このため，サイレント・ウエイでは沈黙による指導を支えるための独特の教材がある（表5-3）。

表5-3　サイレント・ウエイで使用する教材

サウンド・カラーチャート	色分けされた発音と語彙のチャート。ひらがなフィデル，カタカナフィデルと呼ばれる発音チャート，語彙チャートや漢字チャートがある。
ひらがなフィデル	日本語の発音を母語の自動化の影響を受けない形で気づかせ，練習させるための表。
カタカナフィデル	ひらがなで拾い切れない発音を練習させるための表。
語彙チャート	単語や文法の練習に使う表。12セット，1セットに30ぐらいの関連語がある。この際，1つの単語，1つの概念を獲得するために必要なエネルギー（ogden）ができるだけ少なくなるように作られている。
漢字チャート	語彙を漢字で表わした表。
ロッド	1～10cmの棒。赤，青，白，黒で，文法やフレーズの指導に使う。
ポインター	リズム，指示，フィードバックに使う。
ウォール・ピクチャー	基礎がしっかり入ってから，ロッドと一緒に使う。ロッドの機能を単語だけではなく，文法構造を表わしたり，新しい表現を教えるのに使う。
ミニチャート	個人学習用のサウンド・カラーチャートの小さいもの。

サイレント・ウエイの教室では、以下のような手順で授業が進む。

1. 発音練習
   教師はひらがなフィデルの仮名を1つ指しながら、その仮名を一度だけ発音し、モデルを見せる。その際、口の形や筋肉の動きを示し、学生の気づきを促す。その後は、声を出さずパントマイムで正しい発音を類推させ、ひらがなフィデルの文字を指しながら、学生たちに発音させる。正しければ、うなずき、間違っていたら、再度、口の形や筋肉運動を見せながら学生たちに類推させ、正しい発音ができるようになるまで言わせる。この作業を繰り返し、ひらがなフィデルやカタカナフィデルを使って日本語の音韻と音の単位、仮名との連携を図る。
2. 語彙導入
   ポインターで、絵を指す。その後、絵に対応するひらがなフィデルの単語の音をポインターで指して、学生に絵の単語を言わせる。これを繰り返して、必要な語彙を導入する。次に、絵とロッドをポインターで指し、ロッドを絵と対応させ、ポインターでひらがなフィデルの単語を指しながら、ロッドが表わす意味を推測させる。名詞を表わす絵、動作を表わす絵なども同様に導入する。また、色の違うロッドを使い、ロッドをポインターで指し、ひらがなフィデルの文字を指しながら、形容詞を導入する。さらに、形容詞＋名詞などの形を言わせる。
3. 文法導入
   名詞を表わすロッド、動詞を表わすロッドなどを順番に並べ、絵で表わした場面を説明させて、指導対象とする文型を導入していく。学習者は互いに協力しながら、文法構造を推察する。初めは教師が主導権を握るが、できるようになったら、学生が教師の代わりにポインターで示し、ほかの学生に文型を言わせる。

サイレント・ウエイでは、教師は指導内容を学習者に提供するが、学習

者の学習過程の邪魔とならないようにすることが重要である。指導を押しつけて練習させるのではなく，学習者自身の問題解決能力を活かし，自分で答えを導く支援をするのである。学習者の協力を促すことで，競争によるストレスや不安を感じることなく，協働作業によって問題に臨ませる。サイレント・ウエイは学習者らの自律学習を促すとともに，言語に対する敏感さ，気づきを促すことができる。

　しかし，サイレント・ウエイは，帰納的学習であるから，学習者の問題解決や類推に時間を要することもある。また，文法構造を推測しながら分析する能力は養われるが，言語が文脈でどのように使われるのか，文化的に適切な発話や，談話能力を支援するものではないため，コミュニケーションがすぐできるようになるか疑問である。さらに，発音も教師のフィードバックによってのみ正しい発音を類推するので，真にその言語らしい発音になるかどうかは分からない。

4.3　サジェストペディア／リザボペディア

　サジェストペディア（Suggestopedia）は1960年代から90年代にかけて，ブルガリアの医学者ロザノフ（Lozanov, 1978）が開発した教授法である。暗示学に基づいて，普段は使っていない脳の潜在能力を開発・活性化する手法であることから，現在Lozanovはこの教授法をリザボペディア（Reservopedia）と呼んでいる（Lozanov, 2009）。Lozanovの理論では，人間の行動は意識と，その周辺にあり普段は意識されない精神活動領域との連携で成り立っている。意識領域，周辺意識領域で受け取った外部からの情報はすべて潜在的に格納された情報（reserve of mind）として脳に備蓄され，人間の意識活動と生理現象に影響を与える。したがって，意識とその周辺領域の連携を活性化させ，脳の働きを促進するような学習をすれば，学習効率を上げられるとしている。コミュニケーション活動は常に顕在意識と潜在意識の2つのレベルで同時に行なわれているものであるから，学習にも精神的，身体的にポジティブな参加が必要である。そのため，サジェストペディア／リザボペディアでは，理想的な学習環境（部屋，机の位置，音楽，電気など）を整えることが非常に重要である。そう

することで，人が暗示に対して持っている壁を越えさせ，ポジティブな暗示を与えれば，逆に暗示から脱却し，潜在能力を活性化することができるという。サジェストペディア／リザボペディアには，次の三原則が立てられている。①学習者の集中力を増大させ，学習者が幼児のように物事に対して素直に心を開き，好奇心を持って積極的に働きかけられる（幼児化）よう促すため，学習者を緊張から解放し，精神的にリラックスできる状態を整える，②顕在意識と潜在意識の二重の意識層の連携を図ることで，脳の総合的な活性化を図る，③潜在能力を引き出す暗示的手法を活用する。

　この方略として，サジェストペディア／リザボペディアでは，心理的，教授学的，芸術的手段を取る。心理的手段としては，潜在能力を活用させる学習環境を維持する。教授学的手段としては，学習意欲を高め，記憶力や創造性を活性化させられるように，教師は，穏やかでありながら威厳をもって学習者の信頼を獲得する。そして，学習者の習熟度や学習内容に合わせて学習要素を有機的につなげ，有意味な活動に導くようにする。芸術的手段としては，潜在意識のレベルに合わせた知覚情報を与える。

　サジェストペディア／リザボペディアの目的は短期間に上級者レベルの会話力をつけることである。特に語彙力の獲得には焦点が当てられ，1度のセッションで目標言語の語彙1,000語の意味が認知できるようになるという報告もあり（Lozanov, 1978），記憶術として世界的に注目を浴びた。

　サジェストペディア／リザボペディアで用いられる教材は，教科書もあるが，基本的には教師が作成する。教材は戯曲の台本に似ており，対訳のある8から10の会話からなる。トピックは学習者にとって身近で面白いものであるが，初級であっても第1課から目標言語のほとんどの基本文法項目と800語以上の語彙が含まれる。教材全体では2,000語以上の語彙が逐語訳とともに提示される。教材のすべての文法項目の説明もあるが，文法項目の数は限られている。膨大な量の語彙を暗記することが目的ではなく，豊かなreserve of mindを形成して後に活かすことが目的である。よって，初級クラスの学習では，初級のコミュニケーションに必須の文法項目と語彙を選んで，焦点を当てて導入する。

　サジェストペディア／リザボペディアでは，教材だけではなく，教室に

も特徴がある。教室には，歌，絵画，ポスターなどが貼ってあり，明るい心地よい照明に，座り心地のよい椅子が置いてある。前日のタスクやゲームを想起させる小道具などにより，タスク間の関連性とコースの首尾一貫性が物理的かつ心理的に保たれるよう配慮される。

サジェストペディア／リザボペディアは，1クラス8〜12人，1日4時間，週5，6日，初級では100時間程度の集中的な授業時間を要する。授業の流れは以下のとおりである。

1. ステップ1（復号：Decoding/Introduction）
   10〜15分程度で会話との最初の出会いをするセッションである。教材に対する直感的理解を促進することが目的である。教師は各課の内容あるいは文法上の主要項目を簡単に紹介し，次に会話の説明をする。母語を使うのは構わないが，質疑応答はあまりしない。
2. ステップ2（コンサート・セッション：Concert Session）
   コンサート・セッションは1日の最後に行なわれる。このセッションの目的は，翌日以降の授業で使われる語彙とその逐語訳，文法を学習者に提示し，コミュニケーションを実現するための材料を学習者の潜在意識に蓄積することにある。コンサート・セッションには，アクティブ・セッションと，パッシブ・セッションの2種類がある。

   アクティブ・セッションは40〜60分ぐらいのセッションで，古典派かロマン派のダイナミックな音楽をバックグラウンドに，教師が音楽のリズムに合わせ抑揚をつけたイントネーションで会話テクストを読み上げる。学習者は音楽と教師の音読を聴きながら，必要に応じて訳を読んだりテクストに印をつけたり，復唱をしたりする。

   パッシブ・セッションは，30分程度のセッションで，アクティブ・セッションで高揚した精神状態を下げるため，バロック音楽など静かな音楽が流れる。教師は普通のイントネーションで

会話を読み上げる。学習者は教科書を見ず，音読が終わったら，帰宅するか，休憩する。
3. ステップ3（仕上げ：Elaboration）
1，2で導入し，記憶された言語を定着させることを目的とした活動で，3～5日かけて，ゲームや歌，本を読んだり，シナリオを作るなどの創作活動をする。

先述したように，サジェストペディア／リザボペディアでは，教師は威厳のある存在であるとともに学習者に信頼される存在でなければならない。また，教師には，学習者が情報を吸収しやすくなるように，教室にはリラックスした雰囲気と飽きを感じさせない変化を構築する役割がある。学習者は，日常生活を忘れ，自由な雰囲気の中で創造性を発揮することが期待されている。したがって，意図的な学習は，宿題，予習を含めて行なわない。復習をするのも「コンサート・セッション」の録音を聞くだけにとどめる。

サジェストペディア／リザボペディアは，不安感がなく，精神的に充実しリラックスした雰囲気の中で学習効率を上げるため，学習者にとって最も楽しく努力を必要としない学習方法と言えるかもしれない。しかし，Lozanovは言語能力の獲得については詳しく説明していない。そのため，この方法でどのような言語運用能力が習得できるのか，それがどの程度長期間定着し，自由な使用につながるのかなど，習得上重要な疑問点については答えられていない。また，この手法は，ほかの教授法と比べ，学習環境や芸術などに配慮する必要があり，学習者にとっては金銭的負担が大きい。最後に，サジェストペディア／リザボペディアは，方法論を勝手に変えてしまうと，その効果が期待できないと言われる。そのため，だれもが教えられる方法ではなく，特別な訓練が必要である。

4.4 全身反応法

全身反応法（Total Physical Response, TPR）はアメリカの心理学者Asher（1969）が開発した教授法であり，19世紀のGouinのナチュラル・

メソッドと同様，第2言語も第1言語と同様に習得されるという考えに基づいている。また，Piaget（1977）の発達心理学理論にも基づいている。

　Asherによると，母語習得において幼児は母親の胎内にいるときから母親の言葉を聞き，生まれてからは「笑って」「ミルク飲んで」などの指示を最も頻繁に聞くことになる。この指示に対して幼児は体で反応し，それに対する周りの様子を見ながら，言葉の意味を理解し，言語を習得していく。また，母語習得では，幼児は話すことを強要されず，保護者に言葉を矯正させられたり緊張させられたりはしない。また，Piaget（1977）の理論では，幼児はまず，右脳の活動である体の動きを通して言語を学習し始め，右脳で活動が始まってから，左脳で言語の発生手続きを始める。Asherは，成人の第2言語学習のほとんどは左脳を使った学習であり，不安感やストレスを伴うと批判した。そこで，第2言語でも，左脳で言語処理を始める前に，右脳を使うリラックスした楽しい体験を通して言語を獲得すべきであると主張した。また，右脳の学習が進めば，左脳が言語を処理するようになるから，抽象的な言葉も処理できるようになると述べた。

　TPRの目的は初級の口頭産出能力の育成であるが，Asher（1996）は，記憶の痕跡説理論をもとに，学習の初期段階では話すことを強制せず，聴解力を先に発達させることを提唱している。記憶の痕跡説では，言葉が動きとつながって記憶される場合，動作と言葉が連結した痕跡記憶が記憶に残るという。それが頻繁かつ集中的に行なわれるほど，連想が強化され，思い出しやすくなり，聴解力が上がる。このような記憶法は，静かに座って暗記したり機械的に復唱したりするより効率的である。聴解力が発達していく過程で，認知能力によって文法の概観が学習者の中に形成され，発話をする準備が整っていき，この準備ができれば，発話は自発的に始まるのである。発話を強制することは，初期段階で心理的ストレスになり，右脳での学習を妨げることになるので，避けるべきである。また，発話が始まった段階でも，ストレスを与えないように間違いには寛大であるべきだと考えられている。

　TPRのシラバスは指示文を基本とする文レベルのシラバスであり，文法形式よりも言葉の意味に着目する。また，語彙は覚えやすくなるように

1回に12〜36語程度に限定することが望ましいとしている。TPRには、1冊になった教科書というものはないが、補助教材は豊富である。まず、動作をするための実物、写真、スライドを使い、習熟度が上がると、スーパーやレストラン、家に関わる補助教材を使う。だいたい12時間の授業が終わってから、既習の語彙の一覧表や既習の指示文のプリントを補助資料として学習者に提供する。そして、会話文はだいたい120時間の授業が終わってから見せるようになる。さらに習熟度が上がると、生教材を使うようになる。TPRの授業の流れは以下のようなものである。

1. 教師が短い指示文（例：立ちましょう。／立ってください。）を実演しながら話す。学習者にも動作をさせる。
2. 教師が指示文を言い、学習者に実演させる。この際、学習者には指示文を言わせない。最初はクラス全体で、次に複数、単独で行なう。最終的には、教師は指示文を言うだけで、学習者が自分たちだけで動作できるようになるまで何度も指示文を繰り返す。
3. 授業回数が進むにつれ、段階的に指示文を複雑なものにしていく。

表5-4は「〜ましょう」を使って指示をする場合と、「〜てください」を使って指示をする場合の例である。

表5-4 TPRの指示文の例

「～ましょう」を使う場合	「～てください」を使う場合
立ちましょう。	立ってください。
ペンを取りましょう。	ペンを取ってください。
赤いペンを取りましょう。	赤いペンを取ってください。
ゆっくり取りましょう。	ゆっくり取ってください。
青いペンをゆっくり取りましょう。	青いペンをゆっくり取ってください。
青いペンを置いて，赤いペンを取りましょう。	青いペンを置いて，赤いペンを取ってください。
Aさんは赤いペンを取って，Bさんは青いペンを取りましょう。	Aさんは赤いペンを取って，Bさんは青いペンを取ってください。
そこに黒いペンがあります。取りましょう。	そこに黒いペンがあります。取ってください。
Aさんは黒いペンを持っている人を指しましょう。	Aさんは黒いペンを持っている人を指してください。

　学習直後，2日後，2週間後に記憶の保持を確認するテストを行なう。テストでは，教師が既習の指示文をいろいろな順序で言って，学習者にそれらを演じさせるという手法を取る。学習者が，自分たちのほうから指示を出すようになったら，教師は学習者の発話をさえぎらないように，訂正フィードバックをする。最初は親が子供にするように最小限とし，習熟度が上がるに伴い徐々に厳しくしていく。

　TPRで教える教師は，初期段階では指示文を言い，実演する動作のモデル提供者である。学習者に実演させるなどのコントロールをするが，徐々に学習者主体の授業に変わっていくため，習熟度によってサポート役になる。学習者は，話すことを強要されないので，子供のようにリラックスして楽しみながら簡単な指示を聞いて演じることができ，話したくなったら話す。また，話しても，直されるという不安を感じることもないが，最終的には自律的に学習するようになることが求められる。

　TPRのよい点は，学習者がストレスから解放された状態で，聞くことに集中できる点，そして体を使って楽しみながら学習ができる点にある。そのため，特に不安を感じやすい学習初期の学習者には向いている。また，中上級で，読み書きは得意だが話が苦手という学習者にも応用でき

る。教師は自然なスピードと音で話すので，ナチュラル・スピーチに早い段階から慣れることができる。また，TPR は音声と動作と意味を直接連結させるため，母語を必要としない。この教授法では，文と意味が直結しており，文法知識も必要ではないし，指示も簡単であるため，教師に技術がなくとも教えることができる。よって，日本語教育専門の教師だけではなく，ボランティアや海外の日本人アシスタントなどもこの方法を使って指導ができる。さらに，TPR は様々な状況で使いやすいため，ほかの教授法や教科書を使っていても応用できる。

　しかしながら，教師は話す技術に優れていなければならないから，すべての非母語話者教師に使える方法というわけでもない。また，ナチュラル・メソッドと同様，活動動詞と動作が基本となるため，機能語彙や文法を教えるには限界がある。また，TPR は，学習者が自然に話し始めるのを待つ手法であるが，その後どのように口頭産出能力を伸ばしていくのかについては，訂正フィードバックの頻度を上げるというだけで，はっきりしない。SLA 研究の分野では，子供であってもただ話しているだけでは文法的には不正確な習得に終わりがちであるという報告がある（Swain & Rapkin, 1982）。また，フィードバックも与え方によって効果が異なる。

　さらに，1980 年以降の SLA 研究の成果により，今日第 2 言語も第 1 言語と同じように習得されるとは言えないことが明らかになっている。よって Asher の主張は理論的にも実証的にも正しいとは言えない。また，目標言語のインプットを受けている人たちの中にも，母語話者並みの聞き取りができるにも関わらず話せないパッシブ・スピーカーと呼ばれる人々が存在する（佐藤, 2012）ことや，TPR を使っても皆が話せるようにならないことからも，聴解能力が上がれば，話せるようになるとは言えないことは明らかである。

　最後に，学習者の母語の音韻体系が目標言語からかけ離れている場合，聴解能力の段階が進んでも発音が矯正されないという状況が起こりやすい。

4.5 ヒューマニスティック・アプローチの評価

　TPR 以外の，ヒューマニスティック・アプローチは，言語学や応用言語学の専門家が開発したものではないため，現在は言語教育の専門家からは，教授法の歴史の一時期として語られることが多い。いずれのメソッドも言語学的には疑問点が多いが，ALM，オーラル・アプローチ，場面教授法など言語学に基づいた教授法では考慮されなかった学習者の認知的・情緒的側面に着目した点では意義深い。ヒューマニスティック・アプローチが強調する学習者の不安感を取り除き，学習に集中しやすい教室づくりは，言語以外の学習においても，教育学的に重要である。また，CLL が主張する共通の目的に向かってグループで協働学習をする姿勢は，モチベーションの維持に役立つであろうし，サイレント・ウエイで強調される問題解決能力の活性化や自発的言語分析能力の育成は，教室外で指導を受けずに学習するために有効な可能性がある。つまり，第 2 言語教育は，対象となる言語や文化だけに焦点を当てるのではなく，学習者という個人に目を向け，第 2 言語を学ぶ人の学びに影響する様々な要因を検討し，学習というものを考えることで，より効果的な教授法や指導技術の開発につながると考えられる。

　余談になるが，筆者は英語が全く話せなかった大学生の頃，ある ESL の教師の指導を受けたことがある。その教師の授業は，これまで紹介したどの教授法とも異なっていたが，サイレント・ウエイのロッドを使った指導や，問題解決タスク，そして CLL を応用したグループ・ワークなど，経験したことがない指導を受けた。それまで，英語が苦手で嫌いだった筆者に，初めて英語を面白いと思わせてくださったのである。おそらくこれがきっかけで，それまでの専門と全く異なる言語教育に進むこととなったのであるが，その教師が著名な ESL の教授となった今でも，そのとき受けた授業の面白さ，発見の楽しさは，強く印象に残っている。固定観念にとらわれない発想と柔軟性でよりよい授業を作り上げていくことは言語教育の質の向上に重要であるし，文法指導に偏りがちな日本語教育においても学ぶことは多いと考える。

5. コミュニカティブ・ランゲージ・ティーチング（初期のコミュニカティブ・アプローチ）

今日「コミュニカティブ・アプローチ」というとコミュニケーションを重視するすべての指導法の総称として扱われ，本節以降で紹介するすべての教授法やアプローチがコミュニカティブ・アプローチの一部とみなされる。これらはいずれもコミュニケーションを重視するが，理論的背景や指導法が異なる。そこで，本節では，コミュニケーションの重要性が主張されるようになった初期のコミュニカティブ・アプローチについて説明する。この時期のコミュニカティブ・アプローチは「コミュニカティブ・ランゲージ・ティーチング」（Communicative Language Teaching, CLT）とも呼ばれることから，本書ではCLTという用語を使う。そして「コミュニカティブ・アプローチ」は，コミュニケーション重視のアプローチの総称とする。

CLTは構造主義言語学に基づく場面教授法やALMに対する理論的批判から生まれた。CLTはアプローチであり，教授法ではない。そのため，CLTの指導法やシラバスは多岐にわたり，どのような教授法が含まれるかに関する解釈も様々である。本節では，まずCLTの基礎となる理論について紹介し，その基本概念と特徴について紹介する。

5.1 CLTの理論的背景

1960年代に主流であった教授法は，イギリスでは場面教授法，アメリカではALMといずれも文法を中心とした積み上げ型の教授法であった。しかし，1960年代後半になると，いずれの教授法もその理論的基礎が疑問視されるようになった。例えば，場面教授法の基礎となるイギリスの構造主義言語学は，言語の機能は文脈によって理解されるから，構造的な分析だけでは把握できないと批判された（Widdowson, 1978）。そして，構造ではなく，コミュニケーションにおける言語の機能を重視すべきだという指摘がなされ，Halliday（1975）が提唱した幼児の言語習得に段階的に見られる7つの言語機能を第2言語に応用する試みがなされた。

《Hallidayの機能分類》
 道具的機能： モノやサービスを得るための言語使用
 調整機能： 他者の行動をコントロールするための言語使用
 相互作用機能：他者と関わりあうための言語使用
 対人機能： 自己を表現するための言語使用
 発見機能： 新しい知識を獲得したり発見したりするための言語使用
 想像機能： 冗談やストーリーを言うなど想像的活動をするための言語使用
 伝達機能： 情報を伝達するための言語使用

　また1970年代に入るとヨーロッパ諸国では移民が急増し、実用的な言語の教育を移民に提供するニーズが高まった。Wilkins（1972, 1976）は伝統的な文法や語彙分析に基づくシラバスではなく、コミュニカティブな言語運用を前提とし、学習者が必要とするコミュニケーション上の意味を概念カテゴリー（時間、場所、量、頻度などの概念）と機能カテゴリー（依頼、文句、要求などの言語機能）の枠組みで分析し、言語項目を配列し直した。これがいわゆるトピック・シラバスと機能シラバスの始まりであった。このような理論的基盤に基づき、ヨーロッパでは、コミュニカティブ・アプローチに基づく様々な教材が開発されていった。
　一方、アメリカでは、先述したようにChomskyがALMの理論的基盤である構造主義言語学を否定し、さらにHymes（1972）が言語能力は文法能力にとどまらず、文脈の中で社会的に適切に使用できるコミュニケーション能力であると主張した。これに伴い、1980年代になると、評価法の観点からコミュニケーション能力が定義されるようになり（Canale & Swain, 1980）、コミュニケーション能力を説明する下位知識や能力がより明確にされ、CLTに対する理論的基盤が構築されていった。

5.2　CLTの特徴
　言うまでもなくCLTが目指すものはコミュニケーション能力の育成であ

る。CLTでは，言語は意味を創造するための道具であり（Savignon, 2002），コミュニケーションや相互作用を可能にするために機能すると考えられている。つまり，言語形式は談話上のコミュニカティブな意味や機能とのマッピングを通して，コミュニカティブな運用を可能にするものなのである。したがって，言語形式，意味，そして機能のマッピングは言語習得に必要不可欠なのである。CLTの特徴としては以下のような点があげられる。

《CLTの特徴》
1. 言語使用をさせる活動を重視し，教室活動に取り入れる。
2. 情報の伝達，情報のギャップを埋めるなど，ギャップのある機能的コミュニケーション活動や，社会的相互作用を促すコミュニケーション活動を取り入れる。
3. 学習者の言語使用のニーズに合わせた指導項目を配列する。
4. 学習者のモチベーションや興味を維持するためのあらゆる手段を講じる。
5. 1つ1つの項目を練習し積み上げるのではなく，コミュニケーションに必要な様々な技能を組み合わせて統合的に学習する。よって，初級からの4技能の導入も可能である。
6 正確さよりも，適切なコミュニケーションが流暢になされることを重視する。
7. 間違いは意味のあるコミュニケーションでは必然的に起こるものであり必ずしも問題ではない。意味のあるコミュニケーションをすることで，より認知的に深い情報処理を促すとともに，対話者との相互交渉により，エラーから学び，コミュニケーション・ストラテジーを獲得することが期待される。

しかし，実際に何をしてコミュニカティブな言語教育と言えるのかについては必ずしも意見が一致していない。Howatt（1984）は「強いCLT」と「弱いCLT」があると述べた。「強いCLT」では，言語はコミュニケーションによって獲得され，言語を学ぶために言語を運用すると考えられて

いる。一方,「弱いCLT」では,言語の説明に加え,その形式を運用する機会を与えることを重視している。この2つは必ずしも二項対立の関係にあるわけではなく,同一直線上にあると考えられ,結果的にCLTのシラバスも多岐にわたる。Richards & Rogers (2001) はYalden (1983) の分類をもとに,CLTのシラバスを以下のように分類している。

《CLTのシラバスタイプ》
1. 文法＋機能型
2. 文法的中核を取り巻く機能らせん型
3. 文法＋機能＋道具型
4. 機能型
5. トピック型
6. タスク・ベース型
7. 学習者主導型

したがって,実際にCLTと言ってもその指導法は,従来の文法中心の指導法にトピックや機能的要素を考慮して順番の配列をし,言語使用をさせる活動を取り入れたものから,初めから言語運用を通して言語を獲得させようとするものまで様々である。これが,CLTがメソッドではなく,アプローチと呼ばれるゆえんである。

具体的な授業活動としては,絵描写タスク,ギャップ・フィリング・タスク,問題解決タスクなど,相手が知らない情報や意見を交換するようなタスクや,ロールプレイや討論,シミュレーションなど相互作用を促す活動などがあげられる。これらをどう扱うかは「弱いCLT」を採用するか,「強いCLT」を採用するかによって異なるが,「弱いCLT」であれば,文法説明や副次的なドリルの後に行なわれることが多い。一方,「強いCLT」の場合,コミュニケーションから始まる。例えば,初めに読み物などを読ませ,読み物についてのディスカッションをする。その中で重要な表現や言語形式について,文脈における機能や意味などを,ほかの言葉で言い換えさせてみる。そして,学習者の個人的体験やほかの文脈を使って,ター

ゲットとなる表現や言語形式を使わせる。さらに，読み物に対する反応について意見を言わせ，発表をさせるといった発展的な活動も行なわれる。

　CLT では，教師は学習者のニーズを把握し，学習者のモチベーションを支えるカウンセラーとしての役割を担う。なぜなら，CLT では，学習動機は言語を介してのコミュニケーションへの興味やニーズから生まれると考えられているからである。また，CLT では多くのペア・ワークやグループ・ワークが用いられるため，教師は活動の進行係でもあり，活動によっては会話の参加者ともなる。学習者は，コミュニケーション活動の参加者であるから，言語形式の習得よりもコミュニケーションの過程や達成度に注意をはらうことが求められる。また，グループ活動を達成するための連帯責任を負い，相互に学びあい教えあう役割を担う。

5.3　CLT の評価

　CLT は，言語形式のみを重視する言語教育から，機能的コミュニケーションを重視する言語教育へと，第 2 言語教育に革命的な転換をもたらした点で意義深い。また，それまで考えられなかった，意味のあるコミュニケーション，情報のギャップや交換を重視した活動，シミュレーション，ディベートなど，教室外でも起こりうる様々なコミュニケーション活動を教室にもたらした。しかし，CLT がアプローチであり，具体的な指導手順が決まっているものでなかったことから，コミュニケーション能力，コミュニカティブ・アプローチという言葉が独り歩きし，多様な解釈を生むこととなった。そのため，日本語教育においても，コミュニカティブ・アプローチでは文法説明をしないという主張や，その逆にペア・ワークをすればコミュニカティブな指導をしていることになるという誤解も生じた（小柳，2004）。現在でもコミュニカティブ・アプローチが何なのかを問うと意見が一致しないのはこのためだと言える。

6.　ナチュラル・アプローチ

　ナチュラル・アプローチ（Natural Approach）は，Terrell によって開発され，Krashen（1981）により理論化されたアプローチであり，アメリ

カの初級の外国語学習者を対象にしたメソッドである。Krashen & Terrell（1983）はナチュラル・アプローチをコミュニカティブ・アプローチの1つとして位置づけているが，ナチュラル・アプローチは言語学理論に基づいていない点，Krashenの独自の理論に基づいている点，また，独自の指導法と理念を有する点で，先述したCLTとは大きく異なる。

6.1 ナチュラル・アプローチの理論的背景— Krashenの理論

Krashenは第2言語習得過程と第1言語習得過程の類似点に着目し，第2言語習得について以下の5つの仮説を提唱した。そして，第2言語も母語と同様に習得されるように指導すべきだと主張した。

《Krashenの5つの仮説》
1. 習得・学習仮説（The Acquisition/Learning Hypothesis）
2. モニター仮説（The Monitor Hypothesis）
3. 自然順序仮説／自然習得順序仮説（The Natural Order Hypothesis）
4. インプット仮説（The Input Hypothesis）
5. 情意フィルター仮説（The Affective Filter Hypothesis）

習得・学習仮説によると，「学習」とは言語規則を意識的に学習することであり，「習得」とは，幼児が母語を習得するように自然なコミュニケーションを通して意味のやりとりをしながら，無意識に言語を獲得していくことを意味する。意図的な学習を通して得た知識と，習得で獲得した知識はそれぞれ独立した知識であり，言語の運用に関わる知識は習得によってのみ獲得できるため，学習で得た知識が習得に活かされることはないとしている。

モニター仮説では，学習によって獲得された知識は，産出の際の発話のチェックや修正など，モニターとしての役割を果たすが，モニターするためには，形式に注意し文法規則を意識する必要があるため，時間がかかる。一方，習得によって獲得された言語知識は自然な発話を生み出すが，

意図的に形式に集中させるモニター機能を持たない。

　自然順序仮説／自然習得順序仮説は，文法構造は一定の順序で習得されるという仮説である。この仮説は主として形態素習得研究に基づいている。第1章で述べたように，Brown（1973）は英語を母語とする幼児の形態素の習得に一定の順序があることを指摘した。その後，同じ形態素を対象として第2言語学習者の習得順序を調査した結果，第2言語でも母語と似たような習得順序が存在すること，また，その習得順序が学習者の年齢や学習環境，指導の有無に影響されないことなどが分かった（Dulay & Burt, 1974; Dulay, Burt, & Krashen, 1982; Krashen, Sferlazza, Feldman, & Fathman, 1976）。Krashen は，これらの結果をもとに，第1言語と第2言語でも同様の自然な習得順序があると結論づけた。

　インプット仮説によると，学習者は，現在の能力レベル（i）より少し上のレベル（$i+1$）のインプットを理解することで言語を習得すると考えられている。理解可能なインプットには多くの $i+1$ が含まれるため，理解可能なインプットを大量に受けさえすれば，言語習得が進むという。この証拠として，幼児は母語の習得過程で保護者から発話の難易度を下げた大量のインプットを受けること，第2言語学習者も母語話者からフォーリナー・トークなどの修正発話を受けること，多読が言語習得を促すことなどがあげられている。

　情意フィルターとは，習得に必要なインプットを自然に投下させる障害となる学習者の感情や態度を表わし，学習者が緊張や不安などを感じているときには情意フィルターが高い。一方，学習者のモチベーションが高く，自信があり，自己イメージが高いときは情意フィルターが低い。情意フィルター仮説は，インプットを受けやすくまた求めやすくし，習得を促進するためには，情意フィルターが低くならなければならないという仮説である。

　以上の理論から，ナチュラル・アプローチでは，学習者に大量の理解可能なインプットを与えること，明示的な文法指導などは行なわないこと，学習者の情意フィルターを下げるような雰囲気づくりをすることが重要視されている。

6.2　ナチュラル・アプローチの特徴

　ナチュラル・アプローチは基本的なコミュニケーション能力の育成を目的としている。初級を対象としたメソッドであり，中級や上級レベルの言語教育は対象としていない。ナチュラル・アプローチのシラバスには，場面シラバスやトピック・シラバスが用いられる。ナチュラル・アプローチのシラバスや授業活動は学習者の情意フィルターを下げ，学習者のニーズや興味を引くものでなければならないからである。また，明示的な文法説明や指導は学習につながり，習得を促進しないとして，文法シラバスを用いることには否定的である。

　ナチュラル・アプローチの授業では学習者に発話を強制しない。学習者が発話したくなるまで教師は理解可能なインプットを与え，母語は使用しない。初期段階では先述したTPRなども用いて，学習者の理解を促す。学習者が発話をする気になったら，教師は単語で答えられるような質問や，「はい」か「いいえ」で答えらえるような質問をする。その後，選択肢のある質問，教師のインプットの中の言葉を使って答えられるような質問へと移行し，徐々に学習者の発話を促していくのである。このアプローチでは文法的に話すことは目的とせず，教室活動を通して言語を習得させることが重要であるため，教師は学習者の間違いの訂正フィードバックをしない。話し言葉が先行し，書き言葉は話すようになってから使うようになるが，理解可能なインプットであれば，広告，地図，パンフレットなど様々な教材を用いることができる。また，学習者が話すようになった段階では，ロールプレイやゲームなど，CLTで用いられる様々なコミュニカティブな活動を用いる。以下はナチュラル・アプローチの指導手順の一例である。

　　《ナチュラル・アプローチの指導手順の例》
　　　1. TPRで頭，髪，足，手，指などの体の一部を指しながら，学習者に体の言葉を教える。これが分かるようになったら洋服，衣類，文具やかばんなど教室で使える小道具などもTPRを通して教える。

2. 絵や写真，実物などを使って，「髪が長い」「目が青い」「白い靴」など形状を表わす形容詞を導入し，TPRを使って理解を促す。この段階では「～て下さい」だけではなく「白い靴はどれですか」といった質問なども取り混ぜて，白い靴を選ばせたりする。
3. 学習者を1人選び，その学習者の名前を紹介し，身体的特徴について説明する。ほかの何人かの学習者についても同様に説明する。そして，「髪の長い学生はだれですか」など，説明した内容を使って，学習者の名前を聞く。この活動を衣類，小道具を用いて同様に行なう。
4. 人物の写真や絵を複数学習者に配布し，教師が複数の人物について描写する。そして，3と同様の手順で紹介した人物の名前を聞いたり，「はい」「いいえ」で答えられるような質問をしたりする。
5. 絵や写真の中の1人を教師が描写し，どの人について説明をしているか，TPRを使って選ばせる。
6. 学習者から発話が出てきたら，これまでに使った表現や質問形式を使って，発話をさらに促す。

　この例で示したように，ナチュラル・アプローチの教師は，理解可能なインプットを大量に与える役割を担う。また，学習者の情意フィルターを下げるような親しみやすく楽しい雰囲気を作ることも教師の役割である。さらに，ナチュラル・アプローチではインプットを理解させやすくするための教材をうまく授業活動に組み入れ，また学習者に分かりやすい形で提供しなければならない。これに対して，学習者は自分のニーズを把握し，授業に積極的に参加して理解可能なインプットを受けなければならない。これにより，いつ，どう話すかを自主的に決めるとともに，自分の発話の適切さを自分で評価していかなければならない。

6.3 ナチュラル・アプローチの評価

　ナチュラル・アプローチは，英語母語話者のスペイン語学習の指導法として紹介されたが，非常に楽しく学生に精神的な負担を与えない指導法として，その人気は一気に高まり，フランス語やドイツ語にも応用されていった。また，日本語でもナチュラル・アプローチの教科書，*Yookoso!*（Tohsaku, 1993）が出版された。しかし，ナチュラル・アプローチを用いて教えるのは容易ではない。理解可能なインプットをきちんと理解されるように提供するためには，どのようなインプットをどのような手順で与えるかなど緻密な計画が必要であるし，インプットを理解しやすくするための教材や資料集め，その活用法も検討しなければならない。これを誤ると学習者を混乱させることにもなりかねない。さらに，訂正フィードバックを与えない代わりに，学習者のアウトプットも調整しながら授業を進めていかなければならない。教師にとっては負担が大きい教授法であり，この指導法を熟知している必要がある。

　ナチュラル・アプローチは現在でもアメリカの高校などで使われているが，Krashen の理論に対しては，SLA の分野から多くの批判がなされた。例えば，習得と学習は相互に無関係であるという Krashen（1981）のノン・インターフェースの立場（Non-Interface Position）に対して，学習によって得た知識はインプット中のターゲット項目を気づきやすくするなど間接的に習得を促すという弱いインターフェースの立場（Weak Interface Positon）や，学習した知識も練習によって習得されるとする強いインターフェースの立場（Strong Interface Position）の研究者らにより，その整合性が否定された（DeKeyser, 1995; N. Ellis, 2005; R. Ellis, 1994）。その結果，今日 Krashen の習得・学習仮説は支持されず，弱いインターフェースの立場が主流となっている。また，理解可能なインプットが「習得の必須条件」であることについては，一般的に認められているものの，理解可能なインプットさえ与えれば言語は習得されるという「習得の十分条件」という主張については，多くの反証があげられた。例えば，Swain & Lapkin（1982）は，理解可能なインプットを大量に受けていたイマージョン・スクールの学習者の言語能力が，特に正確さにおいてモノ

リンガル・スクールの学習者より劣っていたことを報告している。また，Schmidt（1990）は，コミュニケーションをしていても言語能力が伸びない学習者の事例をあげ，理解可能なインプットだけでは不十分であると指摘した。このような理由から，ナチュラル・アプローチは次第に支持されなくなっていった。

7. プロフィシェンシー・アプローチ

プロフィシェンシー・アプローチ（Proficiency-Oriented Language Instruction）とは1986年にアメリカで発表されたACTFL言語運用能力基準（ACTFL Guidelines，通称，ACTFLガイドライン）に基づいた外国語教育のアプローチである。プロフィシェンシーとは言語運用能力を指し，ACTFLガイドラインでは初級から卓越級までの4技能の運用能力基準を定めている。本節ではまず，アプローチの軸となるこの運用能力基準について紹介し，プロフィシェンシー・アプローチの特徴について述べる。

7.1 ACTFL言語運用能力基準（ACTFLガイドライン）

ACTFLガイドラインは，アメリカの連邦政府関係機関で構成されるInteragency Language Roundtable（ILR）で政府関係者を対象に用いられていた言語運用能力の評価基準と評価方法をもとに，高等教育機関での言語共通の熟達度基準として開発されたものである。第1版は，1986年に発表され，1999年の第2版では，スピーキングとライティングの基準が改訂された。現在施行されている第3版は，2012年に発表されたもので，4技能の基準が改訂されている。この基準をもとに，スピーキングやライティングでは，評価方法も開発され，実施されている。

ACTFLガイドラインでは，スピーキング，ライティング，リスニング，リーディングの4技能の基準があり，それぞれについて，外国語の運用能力を初級（Novice），中級（Intermediate），上級（Advanced），超級（Superior），卓越級（Distinguished）の5つのレベルに分けて，レベルごとの能力基準を示している。また，初級から上級までは「上」「中」「下」の下位分類がある。能力基準の説明には，当該レベルの学習者が果たせな

ければならないタスクや言語機能，言語運用ができる場面・文脈・トピック，さらに，どのような談話（テクストタイプ）で，どの程度の正確さが必要かなど具体的に記述されている。以下は，口頭産出能力の「中級の中」（Intermediate Mid）レベルに関する説明である。

「中級―中」の話者は，簡単な交流場面において，様々な複雑でないコミュニケーション・タスクをうまくこなすことができる。会話は，一般的に，目標文化圏で生活するのに必要なよく起こりうる具体的なやり取りに限られる。そのような会話には，自分や家族，家（家庭），日常の活動，興味，自分の好みなどに関連した自分にまつわる情報，さらに，食べ物，買い物，旅行，宿泊などといった物質的，社会的なニーズが含まれる。

「中級―中」の話者は，例えば，直接的な質問や情報の依頼に対して，受け身の姿勢で対応する傾向がある。しかし，道順，値段，サービスなど基本的な必要を満たすための簡単な情報を得るのに必要な場面では，様々な質問をすることができる。上級レベルの機能を遂行したり上級レベルの話題を扱わなければならない場合は，いくらかの情報は提供するが，考えをつなげたり，時制やアスペクトを操ったり，回りくどい言い換えなどのコミュニカティブ・ストラテジーを使ったりすることは難しい。

「中級―中」の話者は，自分の伝えたいことを，例えば，知っている言葉や会話から得たインプットを組み合わせたり組み替えたりして，いくつかの文や連文の形で表現することができる。このレベルの話者の発話には，自分の意図したことを伝えるために，正しい語彙や適切な言語形態を探そうとして，ポーズ，言い直し，自己訂正が見られることがある。語彙，発音，文法，統語のいずれか，または，いくつかに限界があるが，「中級―中」の話者は，通常，非母語話者の応対に慣れた好意的な話し相手に理解される。

全体的に、「中級—中」の話者は、中級レベルのタスクをこなす際、容易に行い、中級レベルとしてかなりの量と質をもってタスクを遂行する。
（ACTFL proficiency guidelines 2012—スピーキング）

　ACTFL ガイドラインは言語学理論や SLA 理論に基づくものではなく、経験のある教師の合議をもとに開発された。そのため、ガイドラインの内容と評価方法の妥当性については多くの批判を受けた（Liskin-Gasparro, 2003）。しかし、ACTFL ガイドラインは多言語共通の基準を示した最初の評価基準であり、現在でもそのような基準が少ないことから、言語間の比較を可能にする点で意義深い。また、基準が、場面、トピック、機能、コンテクスト、テクスト、正確さなどについて細かく記述されているため、指導への応用がしやすいといった利点がある。プロフィシエンシー・アプローチとは、まさにこの詳細な記述をもとに、コミュニケーション能力の育成を図ろうとするアプローチである。

7.2　プロフィシエンシー・アプローチの特徴
　プロフィシエンシー・アプローチは、外国語のカリキュラム、指導、評価のための枠組みを示すもので、教室外で効果的かつ効率的にコミュニケーションをするための 4 技能の運用能力の育成を目的とする。またこのアプローチでは、目標言語文化で効果的に機能できることを目指し、異文化間コミュニケーションの指導を重要視している。プロフィシエンシー・アプローチは、学習者中心のアプローチであり、個々の学習者のニーズや既知知識や運用能力、学習スタイルに配慮し、様々な技能と学習ストラテジーの育成の支援を目指している。
　プロフィシエンシー・アプローチはトピック、タスク、機能、そして、正確さを同等に重視した指導を提唱しており、どのような内容をどのレベルで導入するかは、ACTFL ガイドラインに基づいて決める。そのため、プロフィシエンシー・アプローチのシラバスはガイドラインに準拠した複合シラバスであることが多い。例えば *Nakama*（Hatasa, Hatasa, & Makino, 2014–2016）はトピック・シラバスに語彙シラバスと文法シラバ

スを組み合わせた複合シラバスである。

　プロフィシエンシー・アプローチで言う正確さとは文法的な正確さだけではなく，発音，表記，語彙の選択，文化的適切さをも含む。そのため，プロフィシエンシー・アプローチでは以下のような活動を取り入れることが推奨されている。

　　《プロフィシエンシー・アプローチの授業活動》
　　　1. 言語形式の定着を図る活動
　　　2. 発音など特定のスキルの向上を図る活動
　　　3. 運用能力を上げるためのコミュニカティブ・タスク
　　　4. 1技能に焦点を当てた活動
　　　5. 2つ以上の技能を複合的に使用する活動

　どの活動も，言語が目標言語文化のどのような場面や文脈で使われ，どのような機能を果たすかが分かるような活動でなければならない。したがって，形式の練習であっても，ALMの機械的練習とは大きく異なる。また，このアプローチでは，文化意識は言語を適切に運用するために必要不可欠な要素だと考えられており，初級から上級のすべてのレベルで文化を取り入れるべきだとしている。さらに，学習動機を高め，教室外での実践的な運用を支援するために，授業活動に本物（authenticity）を取り入れることを提唱している。その結果，プロフィシエンシー・アプローチでは，映画，テレビ番組，インターネット，新聞，広告，雑誌など様々な生教材が使われる。さらに，導入後の学習項目の定着を図るため，一定期間を置いて別の文脈や場面で再導入を繰り返すといったサイクル式の指導が重要だと考えられている。

　プロフィシエンシー・アプローチでは，学習者は，自分に何ができて何ができないかを把握し，能動的に自己の能力を上げていくことが求められる。教師は学習者特性に配慮し，学習者の言語習得過程を支援しなければならない。そのため，教師は，個々の学習者のニーズや学習スタイル，習熟度，モチベーション，不安感，学習に対する姿勢などを熟知し，学習者

特性に合わせた教室活動を提供しなければならない。また，学習者の文化と目標言語の文化を熟知し，文化的に適当な教材を選択する必要がある。加えて，形式から段落レベルまでの様々な活動に取り入れることが求められる。学習者に対するフィードバックは，言語形式だけに着目するのではなく，コミュニカティブなタスクの達成度や言語運用の質などを含めた総合的なフィードバックをしなければならない。

このようにプロフィシエンシー・アプローチでは，学習者特性，テクストのレベル，文化など，一度に様々な要素を考慮しながら指導を行なわなければならないため，教師には高い技術力が求められる。

7.3　プロフィシエンシー・アプローチの評価

プロフィシエンシー・アプローチは，形式と意味の両方を重視し，明示的文法指導を否定しない点で，ナチュラル・アプローチと大きく異なる。また，4技能の言語運用能力の習得を目的とする点で，言語形式の習得を主目的とする場面指導法やALMとも異なる。プロフィシエンシー・アプローチはCLTの一種として位置づけられるが，経験則から発展している点で，CLTとは異なる。

プロフィシエンシー・アプローチのシラバスの基礎となるACTFLガイドラインのスピーキングの記述は，口頭産出能力の記述であるため，相互行為に関する記述はほとんどない。例えば，会話において，対話者とどのようなインターアクションや言語使用ができなければならないかについての記述は乏しく，ガイドラインに含まれる場面や文脈は限定的である。また，ガイドラインは言語学理論や分析に基づいていないため，妥当性については疑問が残る。例えば，上級では説明やナラティブを段落レベルで話すという記述があるが，何をして段落レベルと言えるのかは明確ではなく，どのような談話構造が適切なのかについても分からない。そのため，語用論や社会言語学に精通していなければ，どのような談話が適切かという判断は難しい。

実際，筆者はプロフィシエンシー・アプローチが採用されていた中級の授業で，学習者が長い文を使って話す，段落で話すよう指示を受けている

場面に遭遇したが，教師が学習者から引き出した発話は，話し言葉としては非常に不自然であった。また，意見陳述の練習として，序論・本論・結論を使って意見を述べる活動があったが，これも不自然であった。この不自然さの原因は，ACTFLガイドラインにあると考えられる。まず第1に，日本語の会話の特徴の1つに，1つの発話を必ずしも1人の話者が完結させるのではなく，会話参加者が互いに相手の話を完結しあう「共話」（上田, 2008; 水谷, 1988; 嶺川, 2001）があるが，ガイドラインには，共話に関する記述がない。また，日本語の意見陳述で，論証文の構成を使って意見を述べるという特徴もない。母語話者は，まず意見を言い，次に理由を述べ，最後に意見をまとめるという両括型の談話構成を用いるのが一般的である。しかし，ACTFLガイドラインにはどのような談話構成や段落がよいのかについては書かれていない。さらに，ACTFLのインタビュー評価（ACTFL-OPI）における母語話者と超級日本語学習者の発話を比較した荻原・齊藤・増田・米田・伊藤（2001）では，学習者のほうが母語話者よりも複段落を多く使うという現象が観察された。このことから，複段落を多く使うと日本語らしい発話になるわけではないことが分かる。すなわち，ACTFLガイドラインの記述を字義通りに解釈しても日本語らしい言語使用を保証できるわけではなく，このアプローチで教える場合，言語学や応用言語学からの知見を取り入れる必要があると言える。

8. 内容重視型学習と内容言語統合型学習

内容重視型学習（Content-Based Instruction, CBI）は，「強いCLT」の1つとして，北米を中心に発達した内容学習と言語学習を統合したアプローチであり，目標言語を媒介語としてあるテーマや教科について学ぶことで，有意義な言語学習を達成しようとするものである。内容学習と言語学習の統合という考え方は，CBIが初めてというわけではなく，北米では，目標言語で教科を教えるイマージョン教育，移民教育，ビジネス英語，科学技術のための英語など，特定の目的のための英語教育（English for Specific Purposes, ESP）で行なわれてきた。また，これらの教育に関する研究では，内容と言語を統合した指導は，言語を先に学習し，その後

内容を学習する指導よりも効率的であることが示されてきた。CBIはこれらの取り組みと，SLA 研究の知見をもとにより体系化し，組織化したものと言える。CBI は当初 ESL で開発され，母語話者による指導を前提としていたが，現在ではそのほかの外国語学習にも応用されている。

　内容言語統合型学習（Content and Language Integrated Learning, CLIL）は CBI と類似しているが，そのルーツはヨーロッパの言語政策にある。1993 年に欧州連合（EU）が発足し，EU 諸国の交流が深まるとともに，EU では多言語圏を維持しつつ，ヨーロッパ市民として相互交流をする必要性が高まった。その結果，EU 議会は外国語教育を強化し，初等教育から少なくとも 2 つの外国語を学習させる方針を打ち出した。CLIL はこの方針のもとで開発されたアプローチであり，現在はヨーロッパの多くの国で実践されている。CLIL も「使いながら学び，学びながら使う（Learn as you use, use as you learn）」という方針を掲げ，内容学習と言語学習の統合という点で，CBI と似ている。しかし，CLIL は内容，言語，思考，協学の 4 つの要素を結びつけるという CBI とは異なる理念のもとに開発されたものである。本節では CBI と CLIL について，その理論的背景や特徴について解説しながら，類似点と相違点について述べる。

8.1 CBI と CLIL の理論的背景

　CBI の理論的根拠は Krashen（1981）のインプット仮説と Vygotsky（1978）の社会文化理論（Sociocultural Theory）にある。Krashen の理論は多くの批判を受けたが，理解可能なインプットの必要性は一般的に認められている。ただ，理解可能なインプットが何を指すのかは学習者の習熟度や置かれた環境による。例えば，語学の授業で受けるインプットと，ほかの授業で受けるインプットは大きく異なる。そのため，語学の授業でいくらよく分かっても，ほかの授業では難しいと感じることがある。もしその授業で言語を学習することができれば，授業中のインプットはより理解可能になるはずである。つまり，CBI では，内容学習と言語学習を統合することは，より理解可能なインプットを受けやすい状況を作り上げ，習得効果を上げることにつながると考えられている。

しかし，理解可能なインプットだけでは言語能力の発達には限界がある。Swain（1984）はイマージョン・プログラムで学習する児童の研究をもとに，学習者は理解可能なインプットだけではなく，理解可能なアウトプットを産出する必要があると述べた。理解可能なアウトプットは，完璧ではないが，より正確で適切なアウトプットである。そのようなアウトプットを産出するためには，会話の相手からフィードバックを受け，相手に自分の発話を理解してもらおうと努力する機会，つまりインターアクションが必要だという。Swainのこの主張はVygotsky（1987）の社会文化理論と合致するものである。Vygotskyの理論はインターアクションを通して言語がどのように習得されるかを理論的に説明している点で，注目を浴びている。この理論によると学習者は，自分1人では達成できないが他者の助けを得れば達成できる最近接発達領域（zone of proximal development, ZPD）で，教師やクラスメートからの補助を受ければ，できないことができるようになるとされている。CBIでは，この社会文化理論をもとに，協働学習を通して，内容的により深い理解と言語学習が達成可能だと考えられている。

一方，CLILは特定の理論から発達したというよりは，言語政策により草の根的に発達したアプローチである。しかしながら，CLILが提供するものは，KrashenやVygotsky，そのほかのSLA理論の主張と合致する点が多く，CLILをサポートする理論化が進みつつある。また，CLILで培われる言語についても，SLA，談話研究，機能言語学などの分野で研究が進んでいる。

8.2 CBIとCLILの特徴

CBIは，人が第2言語を学ぶのは，言語を学ぶことが最終目標なのではなく，言語を使って情報を得るといった別の目標があるからであり，言語学習は，それ自体を目標とするよりは，手段として使ったほうがよいという理念に基づいている。そして，何かの情報を得ることを主目的とする意味深い文脈を提供すれば，言語学習が最も進むという前提がある。Stroller & Grabe（1997）は，CBIの有効性を主張する理由として以下の

4点をあげている。

《CBIの有効性の根拠》
1. 学習者にとって意味のある学習環境で自然に目標言語に触れさせることで，言語学習は最も進む。そのような学習環境では学習者は科目だけではなく言語も学ぶことができる。
2. 内容について，先生やクラスメートと意見や情報の交換をするために目標言語を使わなければならない状況では，言語使用に対するモチベーションが高まる。
3. 内容学習と言語学習の統合をすることで，学習者の社会的認識と認知力を高めることができる。
4. すべての科目で同じような言語が使われるわけではないから，科目と合わせて言語を学習することで，機能的な言語学習が可能となる。

　CBIのシラバスは，言語形式や，機能，場面ではなく，内容をもとに作成する。内容とは，「日本の食文化」や「若者文化」などのテーマや地理，歴史などの科目のことである。内容を決めたら，その内容に関連する，あるいは下位項目となる内容を抽出し，構成を考える。その上で，教材を収集する。CBIで使われる教材は，新聞，小説，エッセイ，テレビ番組，映画など，母語話者を対象とした素材（生教材）を使う。それぞれの教材について，どのようなタスクをどのように配列し，流れを作るかを決める。タスクは，学習者に新情報を獲得させ，自分の文化の知識や現在学んでいる文化に関する知識をもとに，この新情報を理解させ評価させるといった深い思考を伴う活動をさせるものが望ましい。さらに，教材の内容と言語を分析し，指導計画を立てる。CBIの学習内容，教材，授業活動はすべて学習者の習熟度に合い，学習者の認知的，情緒的ニーズに合うものでなければならない。
　CBIは当初，内容学習を第1目標とし，言語習得を第2の目標としていた。しかし，対象とする学習環境の多様化に伴い，CBIの指導法も，よ

り内容中心のものから言語形式に焦点を当てたものまで，様々なモデルが提唱されるようになった。その代表的なものとしては，シェルター指導（Sheltered Instruction），付加的モデル（Adjunct Model），テーマ基盤型指導（Theme-Based Instruction）がある。シェルター指導は，科目の専門教師が内容の指導をし，言語の教師がその内容を学ぶのに必要な言語の指導をするものであるが，学習内容に精通している言語の教師が1人で行なうこともある。付加的モデルは，学習者に母語話者と同じ授業を受けさせ，さらに授業内容に合わせた言語の授業を受けさせるものである。そして，テーマ基盤型指導は，言語のクラスで，「ポップカルチャー」「歴史問題」などあるトピックやテーマについてシラバスを構成し，トピックについて学ぶ中で，言語を指導するものであり，外国語や第2言語の授業ではよく見られる形態である。テーマ基盤型指導では，内容だけではなく言語指導にも焦点が置かれることもある。

　一方，CLIL は，シラバス作成や教案作成の手順が明示的に示されているため，CBI に比べ教材開発の仕方が分かりやすい。まず，シラバスであるが，次の4つの指導原則（4C's）をもとに構築する（Coyle, 2005, 2008）。

《CLIL の指導原則（4C's）》
1. 内容（Content）：内容とは，科目やプロジェクトのテーマを指す。CLIL の成功には，内容の理解，内容に関する知識やスキルの獲得が必須である。
2. コミュニケーション（Communication）：言語はコミュニケーションと学習の手段である。言語は使いながら学び，学びながら獲得されるものであり，この言語使用は語学の授業での言語使用とは異なる。
3. 認知力（Cognition）：学習者が考え，評価し，高次の思考力を駆使できなければ CLIL は成功したとは言えない。教師から学習者へ知識が伝達されるだけでは不十分である。
4. 文化（Culture）：外国語学習は多文化，多言語社会での相互

理解の基礎となる。「他」は自己について知るための重要な要素でもある。

　この原則に基づき，まず内容について，何を教えるか，学習者は何を学ぶのか，学習目標を決める。次に，その内容を学習するために必要な言語形式や談話，タスク，授業活動を検討する。そして，どの活動で高次の思考が必要であるか，どのような認知的活動が行なわれるかを考える。そして，これらすべての段階でどのような文化的理解や相互行為が可能かを考え，シラバスを作成するのである。
　シラバスをもとに授業計画を立て，学習内容がはっきりした段階では，以下の3つの手段（3A's）を用いて，指導する言語項目を決める。

《授業計画のための3手段（3A's）》
1. 教材の内容を分析し，「学習の言語」（新出単語，文法，目標とするスキル）を決定する。（Analyze content for the language of learning）
2. 「学習のための言語」（学習をするために必要な学習言語やスキル）を内容に加える。（Add to content language for learning）
3. 「学習を通しての言語」（4技能を使った応用など）を内容に組み合わせる。（Apply to content language through learning）

　実際には，まず教材を集めることから始まるが，CBI同様，CLILも生教材を用いる。そして，教材の内容を分析し，どのような活動が認知的，文化的に適当かを決めるとともに，教材の言語分析を行なう。教材の言語には，その教材で新たに現れる単語や文法，その教材を理解するのに必要なスキルといった「学習の言語」のほか，その教材を使ってタスクを遂行するために必要な言語やスキルなどの「学習のための言語」の分析も必要である。例えば，討論をさせる場合，意見や提案の仕方，反論の仕方などを知らなければ討論はできないし，講義を聞くならノートの取り方を知らなければならない。これらは「学習のための言語」に当たる。さらに，学

習を通して何ができるようになるのか，可能であれば4技能を統合して達成しうる「学習を通しての言語」の分析をする。そしてこれらを授業内でどのような活動をして達成するかについて授業計画を立て，教案を作成するのである。

　CLILにも，より言語重視のもの（Soft CLIL）からより内容重視のもの（Hard CLIL）がある。また，語学の授業をCLILのフレームワークで行なうか（Total CLIL），授業の一部で使用するか（Partial CLIL）などのバリエーションがある。

8.3　CBIとCLILの評価

　CBIもCLILも学習者にとって意義深い授業環境の中で言語を習得させる，生教材をもとに授業のデザインをする，言語を内容学習の手段とする，ペア・ワークやグループ・ワークを通して協働学習を達成する，そして，より認知的に深い活動を通して，深い知識と思考力と言語力を育成することを目的とする点で共通している。そうすることで，学習者の学習意欲を高め，積極的な授業への参加を促すことができる。また，言語だけ，科目だけと別々に教えるよりは効率的である。

　しかし，成人学習者で言語能力が限られている場合，いきなり専門の学習をしながら，言語を学習することに不安を感じ，何をしていいのか分からないと戸惑う者もいる。CBIもCLILも認知的に深い内容学習をさせることを目的としているため，言語能力が追い付いていない学習者が安心して学習できる環境を作り出すのは難しい。そのため，初級レベルには難しすぎるという意見が多い。

　また，いずれのアプローチも，教材を開発する負荷が非常に高い。そのため，深い言語知識を有し，教授法を熟知し，教材開発能力のある熟達した教師でなければ，指導は難しい。また，CBIのシェルター指導では，科目担当の教員は学生が分かるような理解可能なインプットを使って話すことが求められるが，現実的に語学の専門でない教員にやさしい言葉で話すよう求めても，その調整は大変困難であるし，2人の教師が関わるため費用と時間がかかる。

9. タスク中心指導法

　1980年代になるとSLAが研究分野として確立し，第2言語の習得過程について，言語学的，社会学的，認知的，教育学的見地から様々な研究が行なわれるようになった。中でも，第2言語・外国語の教室環境で学習過程を操作したり学習環境を操作したりすることが，目標言語の習得にどのような影響をもたらすかを探求する「教示を受けた第2言語習得」（Instructed Second Language Acquisition, ISLA）の研究が盛んに行なわれるようになった。タスク中心指導法（Task-Based Language Teaching, TBLT）は，この流れの中でISLAの理論に支持され発展してきたアプローチであり，タスク・シラバスに基づき指導を行なう手法である。

　タスクとは，言語使用以外の何らかの目的を達成するためにコミュニケーションをする活動で，学習者の注意は意味に向けられるものである。言語形式の練習が目的であることを学習者が意識し，形式に焦点を向ける文型練習のためのペア・ワークはタスクではなく，エクササイズ（exercise）と呼ばれる（Ellis, 2003）。タスクとエクササイズの主な違いは表5-5のようにまとめられる。

表5-5　タスクとエクササイズの違い

	タスク	エクササイズ
指向性	言語能力はコミュニケーションをしていく中で発達する	言語能力を教わることがコミュニケーションをする上での前提条件である
焦点	伝達する意味内容	言語形式
ゴール	言語を使って内容を伝達する中でコミュニケーションの目的を果たすこと	言語形式の正確な知識を持っていることを示すこと
評価	タスクで設定したコミュニケーション課題の達成度で評価	教わった言語形式でどれだけ正確に伝えたかで評価
現実世界とのつながり	教室活動と教室外のコミュニケーション活動の関連性が高い	教わった言語知識を定着させることで，将来の外界での言語使用に備える

タスクには，話者と聞き手の間に何らかの情報や意見のギャップが存在し，何らかの結果，到達目標がある。学習者は，タスク中，比較，選択，分類，整理，描写，記述などの一般的な認知活動を行なうことから，タスクは学習者の主体的な関与や自律学習を支援する活動でもある。

本節では，まずこの TBLT の理論的根拠となる ISLA 理論を紹介する。そして，TBLT の特徴と指導手順について述べる。

9.1 TBLT の理論的背景

ナチュラル・アプローチにおける理解可能なインプットが「習得の必須条件」にはなるが，「習得の十分条件」にならない理由について，Schmidt（1990）は，学習者がインプットの中のターゲット項目に気づかなければ，その項目は習得に利用されないという気づき仮説を提唱した。また，Swain（1984）は，第 2 言語習得は，学習者が自分の発話と目標言語の発話のギャップに気づき，より適切で正確な理解可能なアウトプットを産出しようとすることで促進されるというアウトプット仮説を提唱し，理解可能なアウトプットを産出するためには，インターアクションが重要であると主張した。さらに，Long（1996）は，インターアクション中に学習者はお互いを理解しようと様々な意味の交渉をすること，その交渉を通してより多くの理解可能なインプットを受け，これが習得を促すことを指摘した。そして，インターアクションは第 2 言語の習得を促進するというインターアクション仮説を提唱した。気づき仮説，アウトプット仮説，インターアクション仮説については，実験，授業観察，談話分析など多角的な観点から研究がなされ，いずれもその妥当性が認められるようになった。

また，先行研究では，ALM や場面教授法などの文法重視の授業では，教師が主導権を取った活動が多く，このような活動では，Initiation-Response-Feedback（IRF）という単純な談話構造が繰り返されがちであることも明らかになった。以下は，IRF の一例である。

《教師主導型の談話（IRF）》
　教師：日本語の本はどこにありますか。
　学生：あそこにあります。
　教師：そうですか。いいですね。

　IRFでは，教師の発話量が学習者の発話量よりはるかに多く，学習者の発話が解答ばかりになるため，談話が実際の会話よりも，構造的に単純になりがちだという問題がある。しかし，タスク中のインターアクションは，理解度を向上させ，気づきを促し，文法習得の基礎づくりとなり，より談話が複雑になることが分かっている。

　このような研究から，Long（1996）は，第2言語を支援する指導はフォーカス・オン・フォーム（Focus on Form, FOF）であるべきだと主張した。FOFとはコミュニカティブな活動をしているときに偶発的に形式に注意を向けさせる指導である。これに対して，フォーカス・オン・フォームズ（Focus on Forms, FOFS）は従来の文法中心の指導を指し，個々の言語形式を学習対象として明示的に教える方法である。そして，フォーカス・オン・ミーニング（Focus on Meaning, FOM）はコミュニカティブな活動の内容のみに学習者の注意を向けさせる方法である。これに加え，近年は，FOFを中心としながらも，タスク中に意図的に形式に注意を向けさせたり，明示的指導を含める，フォーム・フォーカス・インストラクション（Form-Focused Instruction, FFI）も提唱されるようになった（Ellis, 2008）。Loewen（2015）はこれらの指導法について詳しくまとめているが，それをもとにこれまでの指導法を当てはめると図5-2のようになる。

第5章　教授法

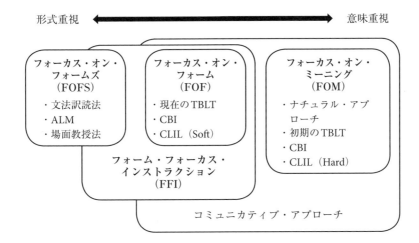

図5-2　形式・意味の指向性によるインストラクションの分類

FOFS, FOF, FOM の指導法の主な違いは表5-6のようにまとめることができる。

表5-6　フォーカス・オン・フォームズ(FOFS), フォーカス・オン・フォーム(FOF), フォーカス・オン・ミーニング(FOM) の違い

	FOFS	FOF	FOM
指導法の特徴	・総合的指導法（文法規則などを最初から正確に押さえていく方法） ・形式中心学習法	・分析的指導法（統合的な活動を通して文法知識などを最終的に身につける方法） ・内容中心にしながら言語に対して適時に教育的介入をする	・分析的指導法 ・内容中心（適時の教育的介入が行なわれない）
教授法・アプローチ	文法訳読法 ALM 場面教授法	TBLT（現在） CBI（意味重視＋形式重視） CLIL（Soft）	ナチュラル・アプローチ TBLT（初期） CBI（意味重視） CLIL（Hard）
シラバス	文法シラバス	トピック・シラバス 機能シラバス タスク・シラバス	トピック・シラバス 機能シラバス タスク・シラバス
特徴	・教師主導 ・外的シラバスと手取り足取りの養育重視	・学習者主導 ・学習者の内的シラバスと自然力の養育重視	・学習者主導 ・学習者の内的シラバスと自然力の養育重視

139

FOMでもFOFでもタスクは用いられるが，ISLAの分野では，概ねFOMでは形式を習得する可能性が低いと考えられている。また，タスクによってより有効なものとそうでないものがあることが分かっている。そこで，タスク研究の分野では，タスク・タイプによって習得効果が異なるかどうかが検証されてきた。例えば，Skehan（1998）は，人間の情報処理容量には制限があるため，意味へ焦点を当てると言語形式に注意を向けることができなくなり，結果的に発話の流暢さが上がれば正確さと複雑さが下がるというトレード・オフ効果が起こると述べた。そして，発話の流暢さ・正確さ・複雑さをバランスよく伸ばすには，タスクの複雑さを調整し，事前・事後指導を組み合わせるべきだと主張した。これを受けて独話のタスクでは，タスクの前のプランニングが発話の質を向上させるかについて検討がなされ，プランニングが流暢さと複雑さを上げることが分かった。また，対話のタスクでは，情報が一方向に流れるか否か（一方向性タスクと双方向性タスク），最終的な結果が1つか複数か，タスクの構成要素が多いか少ないかなど，タスクの特性によって習得効果が異なることが分かった。例えば，双方向性タスクは一方向性タスクより多くの意味の交渉を引き出すことが分かった。

　これらの研究結果から，タスクを中心とした授業を行なうことで言語習得が促されることが次第に明らかになり，TBLTの開発が進んでいった。

9.2　TBLTの特徴

　TBLTは，開発された当初は，内容のみに焦点を当てるFOMのアプローチであったが，現在はISLAの研究結果を踏まえて，意味と形式の両方に注意を向けさせるFOF，あるいはFFIの指導法と言える。TBLTの目的は，認知的に妥当なタスクを用いて，コミュニケーション能力を育成することであり，具体的には以下のような目標が掲げられている。

1. 明確な結果を出す様々なタスクを通じて学習者の言語習得を促す。
2. 学習者に，自分の知っているあらゆる言語知識を使ってみることに自信を持たせる。

3. 学習者に，自発的なインターアクションを経験する機会を与える。
4. 学習者に，ほかの人が同じ意味をどのように表現するのかに気がつける機会を与える。
5. 学習者に，自分が話すための発話権をどうやって取得するか学ぶ機会を与える。
6. 学習者に，言語を意図的かつ強調的に使うことを促す。
7. 学習者を，Q&Aのような一回性の単純なやりとりではなく，完全なインターアクションに参加させる。
8. 学習者にコミュニケーション・ストラテジーを使う機会を与える。
9. 学習者に自分がコミュニケーションの目的を達成できるという自信を持たせる。

また，Ellis（2003）は，TBLTは次のような原則に基づいて行なわれなければならないと述べている。

1. 誤用は言語習得の過程で起こる自然な現象である。
2. 理解可能なインプットを受けることは重要である。
3. 第2言語でのインターアクションを促すタスク学習は必須である。
4. 第2言語で発話することが習得を促進する場合，学習者は発話するよう促されなければならない。
5. 初級から学習者に発話をさせるのは構わないが，発話を強要しない期間を設けても構わない。
6. 言語形式へ焦点を当てることは必須である。
7. 指導や学習のペースは，学習能力の高い学習者だけではなく，そうでない学習者にとっても適切でなければならない。
8. 学習活動は，外向的な学習者だけではなく内向的な学習者のニーズにも応えられるようバリエーションが豊富でなければならない。
9. タスクは，多様な学習者のストラテジーに対応できるようなもので，意味と形式に自然に焦点を当てさせるものでなければな

らない。
10. 指導は学生のモチベーションを上げ，不安感を下げるものでなければならない。
11. タスクの内容は，学習者の能力に応じたものを選択しなければならない。
12. タスクをすること自体が学習者のモチベーションを上げ，維持させるようなものでなければならない。

　TBLT では，タスクの難易度や複雑さをもとにタスクを配列し，シラバスを構築する。この際，タスク遂行に必要で有効な言語形式を念頭にタスクを検討することもできる。例えば，旅先の天気を調べて，持って行く洋服を選ぶというタスクでは，推量表現がよく使われるはずであるし，旅先を選ぶタスクでは，願望の表現が使われる。このように，タスクの中で特定の言語形式に焦点を当てることもできる。指導の手順は複数あるが，代表的なものは図 5-3 にあるように，大きく分けてプレタスク，タスクサイクル，ポストタスク（言語フォーカス）に分かれる。

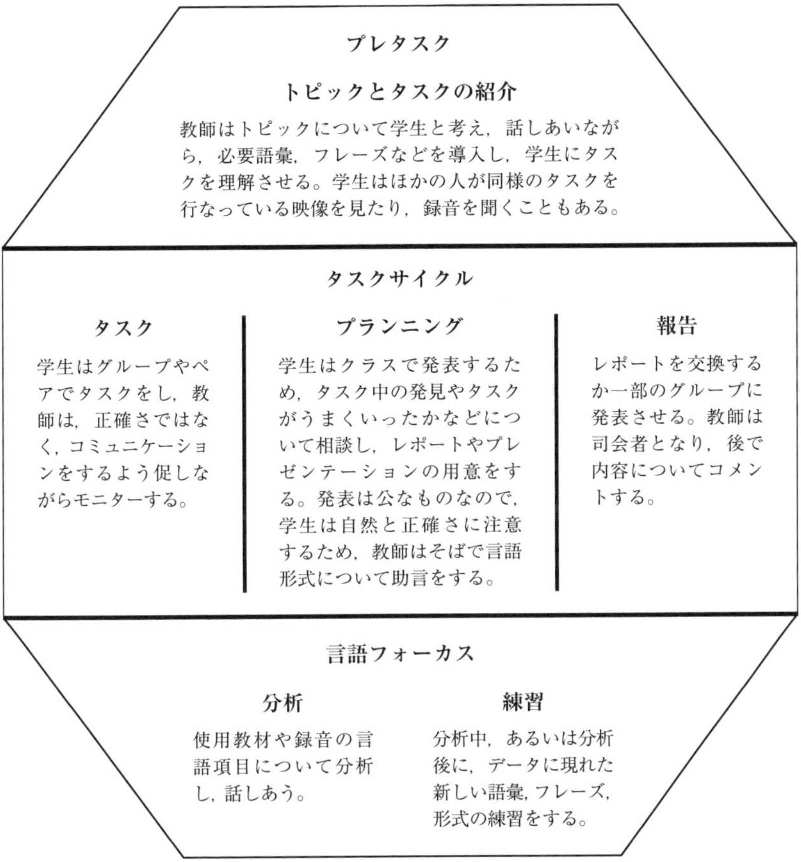

プレタスク
トピックとタスクの紹介
教師はトピックについて学生と考え,話しあいながら,必要語彙,フレーズなどを導入し,学生にタスクを理解させる。学生はほかの人が同様のタスクを行なっている映像を見たり,録音を聞くこともある。

タスクサイクル

タスク
学生はグループやペアでタスクをし,教師は,正確さではなく,コミュニケーションをするよう促しながらモニターする。

プランニング
学生はクラスで発表するため,タスク中の発見やタスクがうまくいったかなどについて相談し,レポートやプレゼンテーションの用意をする。発表は公なものなので,学生は自然と正確さに注意するため,教師はそばで言語形式について助言をする。

報告
レポートを交換するか一部のグループに発表させる。教師は司会者となり,後で内容についてコメントする。

言語フォーカス

分析
使用教材や録音の言語項目について分析し,話しあう。

練習
分析中,あるいは分析後に,データに現れた新しい語彙,フレーズ,形式の練習をする。

図 5-3　TBLT の授業の流れ（Willis, 1996: 38, 筆者訳）

プレタスクでは,学生が教師の力を借りずにタスクを遂行できるように,次のような準備をする。

1. 絵・文章・歌・ビデオなどを使ってトピックを紹介する。
2. 学習者の経験を引き出したり,何かを比較させたりして,ブレイン・ストーミングをする。
3. 必要語彙や表現を学習者から引き出し,場合によっては紹介する。

4. ロールプレイなどをしてみせて，これから行なうタスクのモデルを見せる。
5. 似たようなタスクを準備として学習者にやってみさせる。
6. 学習者にどうやってタスクをするか考えさせる。

　タスクサイクルでは，実際にタスクを行ない，その後，結果を発表するためにグループで計画を立てる。そして，最後に報告をする。ポストタスクでは，タスクで使用した，あるいは使用しなかったが有効な言語項目を取り上げ，その項目について分析し，練習をしたりする。このほかに，TBLT ではプロジェクト・ワークなどの発展的な作業を行なうこともある。

　タスクサイクルで行なうタスクのタイプは，学習者に様々な認知活動をさせるよう，種類を変えることが望ましい。以下の表 5-7 は，TBLT で用いられるタスクの一例である。

表 5-7　TBLT のタスク例

タスク	タスクの過程
リスト作成	ブレイン・ストーミング，事実探し
並べ替え	順番を決める，ランクづけをする，グループ分けする，分類する
比較	マッチング，類似点や相違点を探す
問題解決	実際の状況や仮定の状況を分析する，理由を考えて結論を出す
経験の共有	物語を語る，描写する，意見・反応・態度を探ったり説明したりする
創造的活動	ブレイン・ストーミング，事実探し，順番を決める，問題解決，そのほかの様々なもの

9.3　TBLT の評価

　TBLT は言語学理論ではなく習得理論に支えられたアプローチであり，様々な研究で有効性が示されている。また，TBLT は CBI や CLIL と一緒に扱うことも十分可能である。TBLT の枠組みだけで指導をする場合，TBLT では文化に対して焦点が当たっていないため，教師はどのように文化を取り入れるかを検討する必要がある。

　しかし，TBLT には，シラバスの構築が非常に困難だという問題がある。

タスクの難易度はタスクの様々な構成要素に影響されるため，一概にAのタイプのタスクはBよりも難しいとは言えないし，同じタイプのタスクであっても，タスクが使われるテーマや文脈が異なれば難易度も変わる可能性がある。よって，単発的なTBLTのモジュールを作成することは可能であるが，経験豊富な教師であっても，TBLTのみでコース・デザインをするのは容易ではない。また，TBLTで指導をするためには，CBIやCLIL同様，教師はタスクの言語分析やタスクが使われる文脈などの分析をしなければならないから，目標言語に対する深い知識を持っている必要がある。

10. 反転授業とブレンディッド・ラーニング

コンピュータが言語教育に導入されるようになったのは，1980年代であるが，その当時はインターネットが普及していなかったため，教室の授業は教室で，eラーニングはコンピュータ・ルームで行なうというふうに切り離されており，プログラミングができない一般の教師が簡単に作れるeラーニング作成用のソフトウエアもそれほど多くなかった。そのため，コンピュータに精通していない教師にとって，eラーニングと教室の授業を連結させた授業を行なうことは困難であった。

しかし，1990年代にインターネットが普及し始めてから，コミュニケーションや情報伝達の方法はもとより，教育も大きく変わった。今日，インターネットを使えば，世界中の人とつながることができ，会話もできる。もちろん世界中から様々な情報を得ることもできるし，他者と共有することもできる。教育現場では，ムードル（Moodle）などのオープンソースのシステムを使えば，コンピュータが苦手な教師でも簡単にeラーニングの教材を作ることができる。

このような状況で，eラーニングと教室学習，それぞれの利点を活かした授業の取り組みが進んでいる。反転授業とブレンディッド・ラーニングは，eラーニングと教室学習を組み合わせる代表的な方略である。いずれも様々な学習に使われる形態であり，言語教育に特化したものではないため，これまで述べた教授法やアプローチとは異なるが，言語教育の新しい

形態として紹介する．

10.1 反転授業

　反転授業（Flip Teaching）は，従来の教室での授業と宿題の位置を反対にして，基礎知識を獲得し覚える作業は教室外の個別学習で行ない，教室での授業では知識獲得の確認と応用を行なう授業形態である．Anderson, Krathwohl, et al.（2001）は 1956 年に Bloom が作成した教育目標の分類を修正し，教育目標を，知識を得て記憶すること，理解すること，応用すること，分析すること，評価をすること，そして，創造的に使うこと，という 6 つに分類し，ピラミッド型の図で示した（図 5-4）．そして，ピラミッドの下 2 層にある知識を記憶し理解することが伝統的な授業であると述べた．これに対して，反転授業ではピラミッドは逆三角形に反転し，上 2 層に知識を記憶し理解するという目標が置かれる（図 5-5）．反転授業では，この部分を個別学習で行ない，応用，分析，評価，創造を授業活動として行なうことで，より深い学習を達成することを目指している．

第 5 章　教授法

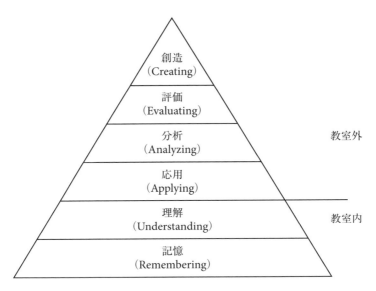

図 5-4　Anderson, Krathwohl, et al.（2001）による
　　　　Bloom の伝統的な授業における分類の修正版

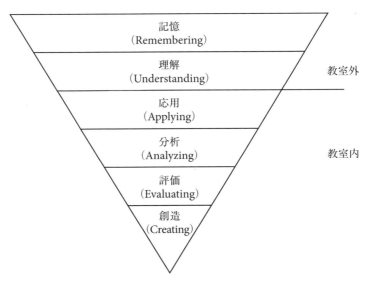

図 5-5　Anderson, Krathwohl, et al.（2001）による反転授業における分類

147

反転授業における個別学習は教科書やそのほかの副教材を使うこともできるが，近年 e ラーニングの利用が増えている。特にインターネット上で開講され，だれでも受講可能な講義を収集したムーク（ス）(Massive Open Online Courses, MOOCs) と呼ばれる e ラーニング・システムができてからは，これを活用する様々な分野の授業が増えてきた。また，Moodle を使って教師が自作の教材を学生に配信し，授業に使うこともある。このような個別学習を通して，教室では学習者のインターアクションを増やし，よりコミュニケーションに焦点を当てた授業の展開が可能となる。反転授業では，全員が同じ教材を同じペースで進めるのではなく，学習者の進度に応じて，必要なビデオ教材を自宅で学習し，学習者ごとに教師が教室で指導するといったプロジェクト・ワークも可能である。しかしながら，学習者の自主性に依存する指導法であるだけに，教室外の作業を学習者がしてこない場合，授業そのものが成立しない可能性がある。

10.2　ブレンディッド・ラーニング

　ブレンディッド・ラーニング（Blended Learning）は反転授業よりもより広義な，教室の授業と e ラーニングの組み合わせであり，双方のメリットを活かして，学習者の個別性に配慮した学習を提供する。

　ブレンディッド・ラーニングでは授業の一部分にオンラインで提供された教材を使うが，ここで重要なのは，学習者主体の個別学習である。つまり，いつ，どこで，どのような順番やペースで学ぶかは，ある程度学習者の自由意思で決められ，教師はこれをコントロールしない。これにより，個々の学習者の習熟度や学習過程に合わせた個別学習を達成する。

　学習者のレベルに合った個別学習を達成するため，教師は，各学習者の進捗状況を管理するオンライン学習管理システムを活用する。このデータをもとに学習者の進み具合に合う学習内容を選び提供する。

　言語の授業では，個別学習により個々の学習者は自分の弱点や学習したいと思う点を学習することができる。教師は，学習管理システムで収集したデータをもとに，指導や評価の過程を学習者に合わせることができる。さらに，教室をコミュニケーションの場として活かしていくことで，イン

ターアクションの機会を増やし，教室内で質の高いインプットやアウトプットの機会を増やすことができる。ブレンディッド・ラーニングの構成としては，以下の3つのタイプがある。

① eラーニング → 教室学習
　事前学習を済ませた後，教室でインタラクティブな学習をする。
② eラーニング → 教室学習 → 双方向eラーニング
　事前学習と教室学習，その後のバーチャルクラスをする。
③ 教室学習 → eラーニング
　教室学習の後のフォローアップのために自己学習を実施する。

　双方向eラーニングには個別学習ではなく，学習者同士のディスカッションやバーチャルクラス，チュータリングなどが含まれる。
　ブレンディッド・ラーニングの試みは国内の留学生教育などで始まっており（池田, 2010），その効果も徐々に見えつつある。しかし，学習者主体にした場合，eラーニングを使わなくなる学生が多いのも事実である。また，eラーニング教材が知識の伝達や機械的なドリルであるため，飽きてしまうという問題もある。したがって，学習者が継続的に使いたいと思うような魅力的なコンテンツや，より学習理論に沿った教授法を用いることが必要である。また，授業での学習，個別学習との連携を高め，必要性を感じさせる必要もある。

11. まとめ

　本章では，言語学習で採用されてきた様々な教授法やアプローチを紹介してきた。これらの教授法やアプローチは時代のニーズ，言語学理論や学習理論の変遷に沿って変化を遂げてきたと思われる。しかしながら，国や目標言語によってその変化のスピードは著しく異なる。ここで紹介したほとんどの教授法やアプローチは，英語を対象として始まったものであり，言語教育理論を牽引してきたアメリカやヨーロッパでは大きなインパクトを与えてきた。一方，アジア圏では，その変革は遅く，この地域の日本語

教育は，英語教育の影響をあまり受けていない。その結果，現在でも日本国内では，初級では場面教授法が主流となっているようである。学習者のニーズに合い，学習者にとってより意義深い日本語教育を達成するためには，日本語という言語にとらわれず，より広い視野で外国語・第2言語学習に目を向けていく必要がある。

第6章

教材

1. はじめに

　言語教育用の教材というと教科書がまず頭に浮かぶのではないだろうか。しかし実際，使いようによっては生活のすべてのものが教材となりうる。例えば，アメリカに留学していた夫についてきた筆者の友人は，英語の授業を受けていたわけではないが，生活の中で，家中の家具や部屋の名前を覚えることから始まり，買い物に行って，食材の名前を覚え，料理本を読みながら，料理の仕方の言い方を覚えていた。そして，子供を介して，近所づきあいをするようになり，近所の人に質問することを覚え，交流を通して英語を習得していった。そうして1年後には，少なくとも日常会話においては，流暢に話せるようになっていたのである。言語を自然に習得するには，自身のモチベーションを維持し，自分に合った様々な学習ストラテジーを使いこなす力や帰納的な分析力が必要であり，だれもができることではない。その代わりというわけではないが，教師は，言語を学ぼうとする学生が，それぞれの目標を達成できるように，より円滑に学習が進むようサポートしていくのである。教材はそのためのツールであるが，ツールである以上，その使い方が非常に重要である。

　そこで，本章では，教科書をはじめとする教材の機能と選択の仕方，使い方について考える。

2. 教材の種類

　本節では日本語教育で使用される代表的な教材として，まず，教科書使用の是非と，教科書の選択の仕方，及び使い方について考える。そして，絵カード・文字カード，写真，視聴覚教材などの従来の教材から，生教材，

そして，近年教育的応用が進んでいるテクノロジーについて検討する。

2.1 教科書

　カリキュラムが定まり，コースの目標が決まると，シラバス・デザインをする。CBI，CLIL，TBLT などではこの時点で，教材を収集し，学習内容，指導項目などの教材分析をした上で，シラバスを作成する。一方，プロフィシエンシー・アプローチやナチュラル・アプローチ，場面教授法や ALM などでは，あらかじめシラバス・デザインをしてから教科書を選択する。しかし，現実的に教科書がこのようなステップで選択されているかというと必ずしもそうではなく，教科書を選び，教科書のシラバスに沿って教えることも多い。この方法には大きな問題があるため（Richards, 2001; Sheldon, 1988），教育者の中には教科書を使わないほうがいいという声も少なくない（Hutchinson & Torres, 1994; Tomlinson, 2012）。なぜこのような批判があるのかを明らかにするために，これまでに指摘されている教科書の長所と短所について説明する。

　教科書のよい点は以下のようにまとめられる。

1. 教科書は，標準化したシラバスと指導の手順を示すため，コースの予定や授業計画が立てやすい。
2. 教科書は，それぞれのユニットやテーマをどのような順番でどのように教えるかを具体的に示すため，教案作成が容易になり，授業がしやすくなる。
3. 教科書は，均一でバランスの取れた情報を定期的に提供する。
4. 教科書は，教師の教材作成の時間を短縮し，指導に専念する時間を増やす。
5. 査読付きの教科書や一般的によく使われている教科書は，機関の責任者，日本語プログラムの主任，そして教師に，いわゆる「完全な」プログラムを提供し，質の保証に対する安心感を与えることができる。またその結果，対外的に質の保証をアピールできる。

6. 複数の教師が同じコースの異なるセクションを担当したり、チーム・ティーチングで教えたりする場合、教科書を使うことで、標準化した授業が提供でき、セクションによる教育の質のばらつきを最小限にできる。これにより単一の評価を使うことも可能になり、プログラムのカリキュラム開発や評価も容易になる。
7. 教科書には、その教科書に特化したワークブックやDVD、オンラインサイトなどの副教材がある。
8. 教科書は、効果的な目標言語のモデルやインプットを提供できる。
9. 経験の少ない教師にとって、教科書や教師用マニュアルから学べることは多く、教師の自学に役立つ。
10. よい教科書は、教師にとっても学習者にとってもよい情報源となる。
11. 新しい教科書には、最新の研究や指導法を反映しているものも多いため、現場の教師が新しい教え方を学び、試し、教育の質を向上させる機会を提供する。
12. 教科書は、ほかの本と比べ、教師や学習者の目を引くようにデザイン性が高く、魅力的に作られている。

その一方で、教科書には以下のような限界や問題点が指摘されている。

1. 教科書の出版社は、多様な状況の学習者が使用できるという主張をするため、教科書の汎用性や達成目標を誇張する傾向がある。
2. 教科書は、「コミュニケーション」、「実践的」、「機能重視」、「場面重視」など望ましいキャッチフレーズを使ったものが多いが、実際はそうではないものが多い。そのため、教科書の比較も難しい。
3. 視覚的に教師や学習者の目を引く絵や写真を多用しているが、実際の活動は単純であったり、古い教授法が用いられたり、内容が充実していない教科書がある。

4. 教科書は，対象学習者や学習環境を広く想定して作成されたものか，現場の教師が自分の学習者のために作成し，出版したものが多い。そのため，個々の現場の学習者のニーズや学習環境の制約（授業時間，1クラスのサイズ，教員の特性）に合わないことが多い。

5. 教科書の多くは，習熟度についての記載があいまいで，初級・中級などと言っても教科書によるばらつきが大きい。

6. 教科書には，対象学習者，シラバス・デザインの根拠，コース目標の記載が明確でないものが多い。

7. 教科書の中には，ページ数を節約するために1ページに情報を詰め込みすぎて，かえって使いにくいものがある。

8. 教師用マニュアルが充実していないものも多い。例えば，練習の答えや聴解教材のスクリプトしかないものもあれば，教科書の中の活動をどう発展させればよいかなど，活動に関する助言があまりないものもある。その一方で，教案などすべてを定型化したものを提供することで教師の準備時間を短縮しようとするあまり，教師の成長を止めてしまうものもある。

9. 教科書は目標言語の文化を美化しがちであり，その文化の負の側面を十分紹介しないことがある。そのため，偏った文化のイメージを与えたり，ステレオタイプを植えつけたりする可能性がある。

10. 教科書の言語には不自然なものが多い。指導対象の言語項目を無理に入れたり，完全文を多用したりするダイアローグが多い。また，文法項目を練習させるために，教室外では起こりえないやりとりをさせるなど，現実と乖離したものをモデルとして提示することもよくある。

11. 古くから多くの現場で使われている教科書は，理論的にも教授法においても古くなり，外見だけが新しくなっているものが多い。教科書会社は，本が売れるかぎり，改訂するコストを最小限に抑え，教科書を改訂することで，ユーザーから批判を受け

るリスクを負うことを避ける。そのため，付属教材など教師の欲求を満たすことには注意をはらうが，教科書の本質的な質の向上には関心がない。
12. 教科書は教師を無能にする。教科書には，そのまま教えても指導が可能なようにできているものが多いため，教科書の内容に忠実に沿って教えるのは簡単である。その結果，自分で教育的な判断をしたり，自分の教育現場の状況に合わせて，教科書を使いこなそうとしたりする努力をしない教師を生み出し，教科書を教える手段でしか扱えない教師を生み出すことになる。
13. 教科書はお金がかかる。

　教科書の編纂には，2つの方法があるが，いずれも個々の現場の状況に合わせた教材にはつながらない。第1の方法は，現場の教師や1つの教育機関で教師が自分たちの学習者のために作成した教科書を出版する場合や，著名な教育者が書いたものを出版社が査読なしで出版する場合であり，日本で多い出版方法である。この場合，査読を通さないため，著者の主観，経験，教え方が内容に反映されやすい。そのため，シラバス・デザインに客観性がなく，語彙やトピックに偏りが出ることも少なくない。また，ほかの学習環境を想定していないため，他機関で採用した場合，その教育現場の状況に合わないことが多い。第2の方法は，教科書デザイナーに出版社が委託して書かせ，査読や試用期間を経た後出版するものであり，欧米の教科書会社が採用する方法である。この場合，教科書会社はマーケットリサーチを通して，どんな本が売れるかを調べ，できるだけ利益率の高い教科書を作ろうとする。対象学習者の範囲は明確に示すことが多いが，その範囲内の多様な学習環境に対応しようとするあまり，カバーする学習環境の範囲が広くなり，結果的に現場の状況とは合致しないことが多い。また，教科書会社の意向で，売れる内容を多く入れさせる，各課に含まれる練習の数や画像の数・大きさなどが決められてしまうため，教授法や内容について妥協しなければならないことも多い。また，教科書会社は出版までに多大な資金を使うため，教科書の値段が高くなりがちである。

このように，教科書，特に総合教科書は，一見完全な教育プログラムを提供しているように見えるが，パーフェクトな教科書というものは存在しない。本当に現場に合う指導を行ないたいのであれば，自作の教材を使ったほうがよい。しかし，そのためには教師に教科書デザイナーとしてのスキルと最新の教授法や教育理論に関する深い知識が必要である。それに，多くの教師は，時間的制約のある中で授業を行ない，宿題を採点し，次の日に備え，学生をサポートするといった多忙な毎日を過ごしており，教科書を開発する時間も余裕も非常に少ない。

よって，Sheldon（1988）は，教科書は問題点を多く含みながらも，多くの教育現場では必要な素材であり，選択の仕方，使い方が重要だと述べている。言い換えれば，教科書の内容を鵜呑みにしてそのまま教えたり，他者が作成した教案をそのまま使ったりするのは，正しい教科書の使い方ではないのである。中学校や高校の国語や英語の教育実習に行くと，教科書はあくまでも素材であり，素材をどう活かすかが教師の技量であるとして，教材分析や教案作成に多くの時間が割かれる。この点では日本語教育も同じであり，教師のスキル次第で，同じ教科書を使っても教育効果は大きく異なる。

2.1.1 教科書の選び方

2.1.1.1 教科書分析の前の検討事項

教科書を選ぶときには，事前に確認しておくべきことがある（資料6-1参照）。第1に，教科書を使う学習者の特性である。習熟度はもちろんのこと，学習者の年齢，知的レベル，母語，日本語を学習する目的，到達目標や，教室外でできる日本語の学習時間などを押さえておかなければ，学習者のニーズに合う教科書を選ぶことは難しい。次に，教科書を使う教師の人数，指導形態，個々の教師のスキル・レベルなどを把握しておかなければならない。チーム・ティーチングで教える場合，指導をどのように分担するかは，教師のスキルによっても異なる。また，現場の状況に合わせて，教科書の内容に補足を加えたり，内容を変えたり，あるいは順番を変えたりする必要もある。このような修正が自由にできない教科書は，形が

決まっている分安心感を得るであろうし，使いやすいと感じるかもしれない。その一方で，柔軟性を欠くあまり，現場のニーズに対応できず，失敗する可能性も高くなる。また，新しいアプローチを採用する場合，教師が変革に前向きであるかどうかが，教科書使用の成功に大きく影響する。第3に，教育現場について確認する必要がある。機関の日本語教育の目的だけではなく，教科書を採用するコースの目的，授業時間，クラス・サイズをはじめ，教室の大きさ，移動可能な椅子や机の有無，設備などについて調べておくと，どのような教材が使えるかが分かりやすい。最後に，以下のようなコースにおける教科書の役割について検討しておくとよい。

1. 主教材は1つにしたいか，複数の教材を使いたいか。
2. 大規模クラスで使うのか，小規模クラスで使うのか。
3. 学生はワークブックも買うのか，教科書があればワークブックはいらないのか。
4. 学習者は教科書に何を求めているのか。
5. 学習者は教科書を教室で使うのか，家で使うのか。教室で使う場合，活動の中心的な材料として教科書を使うのか。

2.1.1.2 教科書分析

　Ellis（1997）は教科書を採用する前と，採用した後に教科書分析をすることを推奨している。教科書を採用する前の分析は，コース目標と学習者のニーズに最も合う教科書を選ぶためである。教科書採用後の分析は，その教科書を再度使うべきか，何をどう変えるべきかを計画し，次年度に活かすためである。同じ教科書を何年も使い続けていると，教科書に慣れてしまい，その教科書のアプローチや内容が現在でも通用するのかどうかに鈍感になってしまう。しかし，それでは教育的な進歩はない。したがって，新しい教科書を使うか否かは別として，定期的にほかの教科書の可能性を見るためにも教科書分析は重要である。

　教科書分析をする際，教師用や学生用のガイドや，教科書の使い方の説明，目次，インデックス，付表などが参考になる。目次の前の紹介文に

は，教科書の目的，対象学習者，使用法などについて書いてあることもよくあるため，ページを飛ばさずに始めから読んだほうがよい。

教科書分析は，教科書が特定のスキルやジャンルに特化したものか総合教科書かによって，異なってくるが，本項では総合教科書について述べる。先行研究では主として以下のような点について分析することを勧めている。章末の資料 6-2 は，教科書分析チェックリストの一例である。

1. 教科書はどのような目的で，どのようなニーズに応えるために書かれているのか。
2. どのような学習者（年齢，レベル，文化的背景，教育機関，学習スタイルに関する趣向，学習目的）を対象としているのか。
3. 教科書修了時に達成すべき目標は明確に書かれているか。
4. 教科書は見やすいレイアウトになっているか。1 ページに情報を詰め込みすぎていないか。インデックスや語彙リストがあるか。タイトルやヘディングが分かりやすい位置にあり，項目を探したり，記憶したりしやすくなっているか。
5. 教科書の効果的な使い方に関する学習者へのアドバイスがあるか。
6. 各課のテーマ，場面，トピック，活動，スキル，言語形式のバラエティは適当か。論理的に配列されているか。本全体で，課と課のつながりは適切か。
7. 既習項目の再利用は適切になされているか。
8. 教科書からどのような評価が適当か容易に理解できるか。
9. 教科書の内容は学習者の興味を引き，動機づけを高められるものか。学習者の年齢や知的レベルに合致したものか。そのようなトピックが導入されているか。
10. 生教材は含まれているか。
11. タスクは教室外で使える現実的なものであるか。不自然なタスクが多くはないか。
12. トピックや場面は，学習者の文化や宗教について十分配慮して設定されているか。内容は，性別，人種，社会的地位，国民性

に関するステレオタイプを植えつけていないか。
13. 内容は，目標言語の文化のよいところのみを提示し，全体像が分からないものになっていないか。
14. 教科書は，学習ストラテジー，思考力，背景情報の機能など言語習得を促す能力の育成を支援しているか。
15. 教材はインターアクションを支援しているか。
16. 学習者が期待するような内容，教授法，提示の仕方であるか。
17. 教科書と付属の教材だけで授業ができるか。それとも，教師が教材を補充する必要があるか。
18. 教科書を使う際，特定の内容を削除，ほかの内容を足す，提示順を変える，活動を変える，活動を足すといった修正ができるか。それとも，中身を自由に変えられないようにできているか。過度に特定の学習法を押しつけず，学習者の学習過程を支援するものであるか。
19. 教科書は，機材の有無，教室の大きさ，1クラスの人数など，実際的な問題があっても使いやすいものか。
20. 副教材は充実しているか。
21. 教師用マニュアルがあるか。ある場合は，教師用マニュアルには，質問の解答，スクリプト，語彙リスト，文型リスト，機能リストがあるか。非母語話者の教師にも使いやすいものになっているか。
22. 教師に対するアドバイスは少なすぎるか，それとも多すぎて，教師を甘やかしてしまうものになっているか。
23. 教科書の大きさは適当か，また，古本として使うことが期待されている場合，丈夫にできているか。
24. 教科書の内容は価格に見合うものか。どの程度コースの目標達成に貢献できるものか。

2.2 絵カード・文字カード・写真・模型・おもちゃ

絵カード・文字カード・写真は教室でよく使われる教材である。絵カー

ドや文字カードは文型練習などによく使われるが，大きさも様々で多様な使い方ができる。絵カードは概念・意味と言語形式の連結をさせるのに，文字カードは表記と音の連結に有効である。例えば，語彙の意味と音を結びつける練習をさせたい場合は，同形同義語を紹介するのでないかぎり，絵カードのほうが有効である。一方，既習の語彙の表記を覚えさせたいときは文字カードのほうがよい。教室の前で使うカードは，教室の後ろからその詳細まではっきり見えることを確認しておく必要がある。また，大きければ大きいほど扱いにくくなるので，教室のどこに配置するかをあらかじめ決めておいたほうがよい場合も多い。黒板や白板に貼る場合は，裏にマグネットや粘着剤などをつけておき，カードを扱うのに無駄な時間を取られないようにすることも大事である。

しかし，絵カードや文字カードを機械的練習だけに使うのではもったいない。小さい絵カードなら，ペアで物語を作るのに使ったり，ロールプレイに使ったり，あるいは聴解タスク，読解の事前作業のスキーマづくりのためのゲームなど，様々な使い方ができる。したがって，グループ・ワーク用，プレゼンテーション用と異なるサイズの絵カードや文字カードを常備しておくとよい。この点では写真も同様である。

写真は文化を紹介するときにも有効であるし，学習者に，意味交渉やコミュニケーション・ストラテジーの練習をさせる場合も自然な素材を導入できる。しかし，写真は，詳細情報が多いため，ポイントが分かりにくくなることもあるし，教師の意図する点と別のところに学習者の注意が行ってしまうことがある。これは絵カードでもあるが，写真のほうが情報量が多いため，この問題も大きい。したがって，一目見て何が意図されているかがだれにでも分かること，学習者の文化的背景によって，意味が変わらないことを，事前に確認しておく必要がある。

模型やおもちゃも使い方を工夫すれば，学習者の年齢に関わらず使える。例えば，おもちゃのお金は買い物のタスクに使えるし，食べ物の模型はロールプレイなどにも使える。また，ゆるキャラのぬいぐるみや駅弁の外箱などは，日本の地理，食文化など文化的なトピックについて話す材料にもなるし，連想ゲームなどにも使える。さらに，様々な質問のストラテ

ジーや言い換えの仕方など，コミュニケーション・ストラテジーの練習にも使える。しかし，カードと同様，プレゼンテーション用として使うか，グループ・ワーク用で使うかなどにより，大きさや重さに気をつける必要がある。

2.3 視聴覚教材

　言語教育用の視聴覚教材にはDVDやビデオなどがあるが，その目的によって授業で使うものと教室外で使うものがある。初級では，音声や画像が分かりやすいことや雑音が少ないことは重要であるが，かといって不自然でもいいというわけではない。自然な発話であることは，特に教室外で自然なインプットに触れることが少ない状況では重要である。教科書に付随する教材の場合，談話や場面設定が現実的であるかも気をつけなければならない。例えば，あるビデオ教材では，日本の習慣と禁止構文を教えるため，学習者が多くの間違いを犯してしまう場面が設定されていた。このビデオの会話は，不自然であるだけではなく，初歩的な間違いをたくさん犯す学習者を登場させているため，学習者の人格を傷つけ，日本人の目からは文化的に未熟な者というステレオタイプを印象づける可能性があった。文法を教えるためであると言っても，現実に即さない状況を用いた教材の使用には注意すべきである。

　音声はきれいなほうがいいが，遅すぎたり，きれいすぎたりしてもいけない。学習者が普段の生活で聞く音声はアナウンサーの声のようにいつもきれいなわけではない。したがって，初級でもきれいな音声だけではなく，自然な音声を聞かせる必要があるし，中級以降は様々なジャンルの音声が聞き分けられるようにする必要がある。

2.4 生教材

　生教材とは，日本人を対象として作成された素材である。テレビのバラエティ番組，ドラマ，アニメ，インタビュー，CMや，演劇のビデオ，映画，新聞，小説，エッセイ，広告などのほか，薬のラベルやお菓子の袋などの実物（レアリア）も含まれる。生教材は，学習意欲を高め，意義深い

学習ができるが，もともと母語話者用に作られた素材であるから，学習者にとっては理解不可能なものも多い。学習者のニーズと習熟度に合い，タスクの目的に合う教材選びが必要不可欠である。例えば，カタカナをできるだけたくさん探すといった初級のスキャニングの練習であれば，内容が理解できなくても構わないが，内容を理解するために使う場合は，既知語率や既習文法の使用率，談話構成の明確さなども重要である。例えば，一般的に辞書を使わずに文章を理解するためには，その文章に含まれる95％程度の語彙は知っているものである必要がある。しかし，外国語教育では，一般的に80〜85％程度の既知語率のものが多いと言われている。そのような場合，未知語の意味を文脈から推測させても成功率は高くないと考えられるから，難易度を下げる必要がある。

　映画の場合，文字化した情報と音声情報を同時に提示することは，言語処理の負荷を下げ，理解を促す効果があるため，目標言語の字幕が見せられるものがよい。ただし，字幕の表現と実際に話している言葉が異なる場合もあるので，字幕と音声がどの程度合致しているかはあらかじめ調べておいたほうがよい。字幕と音声が異なる場合，言い換えの練習，また細かい聞き取り，あるいは，なぜ異なるのか，それで同じニュアンスが出せるのか，上級ではディスカッションの題材としても使えるので，一概に食い違っているのがよくないというわけではない。しかし，目的によっては望ましくない場合も多々ある。

　さらに，学習者の文化的背景や価値観に注意する必要がある。例えば，日本では「はじめてのおつかい」という番組は非常に人気があり，ナレーションもあるため，分かりやすい素材ではあるが，アメリカでは12歳以下の子供を1人にすべきではないと考えられている。そのため，アメリカ人にとっては幼児虐待ビデオとも受け取られかねない。また，ジャンルによっては学習者が真似をして発話をすると，問題になるものもある。例えばアニメにはそのような表現が多いため，用法については指導が必要であるし，どのような表現が一般的に使えるか，あるいは使えないかなどをオンラインで調べさせるなどしたほうがよい。

2.5 テクノロジー

テクノロジーの日本語教育への応用は1980年代にパソコンが普及し始めてから，急激に進み，CALL（Computer Assisted Language Learning）教材の開発が進んだ。その後1990年代に入って，インターネットが普及すると，テクノロジーの言語教育への応用の可能性は劇的に変わった。テクノロジーは生教材を提供するだけではなく，情報収集の手段，対面以外で，教師はもとより一般の母語話者やほかの学習者との音声・文字によるコミュニケーションを可能にした。本項ではテクノロジーを使った多様なツールについて簡単に紹介する。

2.5.1 CALL教材

CALL教材とは，言語教育に特化したeラーニングのソフトウエアである。パソコンにインストールしなければならないものもあるが，現在はインターネットを介して配信されるものや，スマホのアプリとして提供されるものもある。日本語では，文法や語彙，文字の練習が多いが，音読や発音練習などもある。CALL教材はアニメや動画を使って魅力的にしているものが多いが，指導のテクニックがALMや場面教授法のように形式の練習に偏っていたり，学習者が自分で意味を作り出す活動を支援しないものもある。また，CALLデザイナーが日本語教育の専門でない場合もあり，デザイナーが公表している教材の使用目的と実際の練習が合わないこともある。そのため，教師は内容を精査し，その教材の使い方について，吟味する必要がある。

2.5.2 パワーポイント

パワーポイントはパソコンのプレゼンテーション・ツールである。主として，教師のプレゼンテーションのほか，プロジェクト・ワークのプレゼンテーションなどにも使う。学生の目を1か所に向けるため，全員の注意を引く必要のある活動で使用すべきである。フラッシュカードなどの機械的練習，ペア・ワークやゲームの導入などにも使えるが，学習者の目を1か所に向けさせるため，教師がコントロールする活動に使われることが

多くなりすぎるという問題を引き起こす可能性も大きい。

2.5.3 ムードル

ムードル（Moodle）は，オープンソースのeラーニング・プラットフォームである。Moodleを使うと，自作のオンライン学習プログラムを作ることができる。例えば，インターネット上で授業用のWebページを作ることが容易にできる。Moodleの機能には，①トピックごとに，授業に必要な教材をまとめておく機能，②Web画面で○×問題，多肢選択問題，自由記述問題などのテストを作成できる機能，③PDFやWord，パワーポイントなど，授業で配布した資料などを掲載する機能，④Web画面でアンケートを登録し，結果を集計する機能，⑤学生から課題として提出させる項目を作成し，期限をつけて受け付ける機能，⑥Moodleのコードを使って教材を作成し，登録する機能，⑦学習者自身が自分の進捗状況を確認できる機能，⑧教師が学習者の成績を確認できる機能，⑨ユーザーを制限する機能などがある。

2.5.4 デジタルポートフォリオ・eポートフォリオ

デジタルポートフォリオ・eポートフォリオは，日々の活動の記録を電子化したものである。学生の場合，提出したレポートやプリント，教師からのコメント，部活動や課外活動の記録などを蓄積し，学生本人・教師・教務スタッフでデータを共有することもできるから，ポートフォリオを使ったアセスメントとしても使える。

2.5.5 ムーク(ス)

ムーク(ス)(Massive Open Online Courses, MOOCs)は，インターネット上でだれもが無料で受講できる大規模な開かれた講義のことである。母語話者用に作成されたものが多いが，学習者用のものもある。アカデミック・ジャパニーズなどの指導に使いやすい素材である。

2.5.6 ブログ

ブログは，個人のオンライン日記，ジャーナルであり，ネットでキーワードを入れれば，トピックを検索できる。比較的平易な言葉で書かれているものが多いので，中級でも生教材として使うことができる。例えば，自分の学習ブログなどを書くブロガーのサイトを読ませ，ディスカッションに使ったり，学習者自身にも書かせたりして，自分の学習過程を振り返る作業にも使える。

2.5.7 YouTube

YouTube には様々な短いビデオ，プレゼンテーションなどの資料があり，使い方は無限である。教室で使う場合は，インターネットのつながる速度に気をつける必要があるが，だれでもアクセス可能であるし，サーチもできるため，教室外でのタスクにも使える。

2.5.8 ウィキ

ウィキ（Wiki）とは，Web サイトをブラウザー上で管理・編集できるシステムであり，代表的なものは Wikipedia である。Wiki システムを使えば，テクノロジーに精通していなくても，簡単に Web 上の書類を編集することができる。パソコンの端末上で編集し，レンタルブログのように手軽にコンテンツを投稿できる。Wiki では，協働で編集作業をすることができるから，グループでの作文活動，プロジェクト・ワークなどに使える。また，Google Docs. などを使っても複数のユーザーがファイルを共有して，協働で編集作業をすることが可能である。

2.5.9 チャット

チャットは，オンラインで様々なコミュニケーションができるツールである。代表的なものとしては，スカイプ（Skype）やズーム（Zoom）がある。チャットをするためには，相手もログインしている必要があるが，インタビュー・プロジェクト，会話テスト，個人指導，ロールプレイ・プロジェクトなどに使うことができる。

2.5.10 ソーシャル・ネットワーク／ソーシャル・ネットワーキング・サービス

ソーシャル・ネットワーク／ソーシャル・ネットワーキング・サービス（Social Networking Service, SNS）はインスタグラム（Instagram），ツイッター（Twitter），フェイスブック（Facebook）などオンライン上のコミュニティのネットワークづくりを目的としたサイトである。他者とのリンクがあり，動画や音声・写真などの情報の共有やディスカッションなどができるため，授業では様々なコミュニケーション活動に使える。インスタグラム，ツイッター，フェイスブックには以下の表6-1のような特徴がある。

表6-1 インスタグラム・ツイッター・フェイスブックの特徴

	インスタグラム	ツイッター	フェイスブック
掲載情報	主に写真と動画	文字	写真，動画，文字
位置情報	投稿時に設定できる	投稿時に追加できる	投稿時に設定できる
メッセージ	特定の人に写真，動画，メッセージを送ることができる	フォロワー・非フォロワーに送信できる	友達・友達じゃない人に送信できる
コメント機能	・「いいね！」機能がある ・投稿にコメントできるが，「@」をつけないと相手に通知されない	・「いいね」機能がある ・「@」をつけると会話が可能	・「いいね！」機能がある ・投稿にコメントできる
シェア機能	なし	情報はリツイートしてシェアできる	情報はシェアボタンでシェアできる
投稿が届く範囲	フォロワー以外から届いたメッセージをブロックできる	リツイートされると全く知らない人にまで届く	友達・友達の友達，設定によってはページファンにまで届く
自分のフィードに流れてくる投稿	・時系列で表示されない ・フォローしている人の投稿	・時系列で表示される ・フォローしている人のつぶやきとリツイートされたメッセージ	・時系列で表示されない ・友達の投稿，友達がコメント／シェアした投稿，フェイスブックページの投稿

2.5.11 ポッドキャスト

ポッドキャスト（Podcast）は，インターネット上で公開されるビデオや音声データを簡単にダウンロードし，デジタル携帯プレーヤーに取り込むことができるシステムである。YouTubeなどの動画や音源をスマホにダウンロードし共有することができる。インターネットのスピードによっては時間がかかるが，あらかじめダウンロードしておけば，スマホで聴解タスクやディスカッションができる。

2.5.12 オンラインコーパス・オンライン辞書

オンライン上で，言葉の用法を調べたり，使用頻度を調べたりすることができるツールである。例えば，学生が使いたい言葉があるときにどう使われているかを皆でサーチし，ディスカッションすることもできるし，オンラインのテキストコーパスであれば，どのようなジャンルでよく使われるのかの分析もできる。

2.5.13 LINE

LINEはスマホで無料で音声通話ができるアプリである。また，違うキャリア同士でも無料でメッセージを送ることができる。LINEではスタンプという絵を使って感情が表現ができるほか，LINEに特化したゲームもある。LINEでのメッセージのやりとりは，テンポが速く，話し言葉に似ているので，カジュアルな会話のオンライン練習や，クラスメートとの会話，授業連絡などクラスのマネージメントにも使える。LINEをはじめとするスマホのアプリはパケット契約をしている場合，データの規定量を超えると，極端にスピードが遅くなる。そのため，Wifiが使える環境で使わせたほうが問題が少ない。

3. まとめ

おそらく1980年代後半まで，教材というと教科書が主であり，その他のものを使うためには，多大な費用と時間がかかった。しかしながら，今日，言語教育を支援するツールは多々あり，その多くは費用もかからな

い。したがって，テクノロジーに精通していなくても，教師にできることは非常に多い。しかし，これらはあくまでもツールであり，教科書同様，それをうまく使いこなすのは教師である。教師の裁量と創造力さえあれば，非常に完成度の高い教材が簡単に作れる時代なのである。ツールを使いこなすためには，教師自身が既存の枠や自己の経験に依存せず，新たな指導の可能性や教育論の発展に目を向けていくことが重要である。

資料 6-1:　教科書分析のための基礎情報

対象学習者の特性

年齢：＿＿＿歳〜＿＿＿歳　　性別：女性＿＿＿％，男性＿＿＿％
母語：＿＿＿＿＿＿＿語＿＿＿％，＿＿＿＿＿＿＿語＿＿＿％，＿＿＿＿＿＿＿語＿＿＿％，
　　　その他＿＿＿＿＿＿＿＿＿＿＿＿
言語能力：初級　中級　上級　その他＿＿＿＿＿＿＿＿＿＿＿＿
所属機関・学齢：＿＿＿＿＿＿＿＿＿＿＿＿＿＿＿＿＿＿＿＿＿＿＿
学習環境：日本国内　日本国外＿＿＿＿＿＿＿＿＿＿＿＿＿＿＿＿＿
日本語科目：必須科目　選択科目
自宅での学習時間：1日＿＿＿時間，週＿＿＿時間
主なニーズ・学習動機：
＿＿＿＿＿＿＿＿＿＿＿＿＿＿＿＿＿＿＿＿＿＿＿＿＿＿＿＿＿＿＿＿＿＿＿＿＿
＿＿＿＿＿＿＿＿＿＿＿＿＿＿＿＿＿＿＿＿＿＿＿＿＿＿＿＿＿＿＿＿＿＿＿＿＿
＿＿＿＿＿＿＿＿＿＿＿＿＿＿＿＿＿＿＿＿＿＿＿＿＿＿＿＿＿＿＿＿＿＿＿＿＿

到達目標：
　　会話　＿＿＿＿＿＿＿＿＿＿＿＿＿＿＿＿＿＿＿＿＿＿＿＿＿＿＿＿＿＿
　　聴解　＿＿＿＿＿＿＿＿＿＿＿＿＿＿＿＿＿＿＿＿＿＿＿＿＿＿＿＿＿＿
　　読解　＿＿＿＿＿＿＿＿＿＿＿＿＿＿＿＿＿＿＿＿＿＿＿＿＿＿＿＿＿＿
　　作文　＿＿＿＿＿＿＿＿＿＿＿＿＿＿＿＿＿＿＿＿＿＿＿＿＿＿＿＿＿＿
　　その他＿＿＿＿＿＿＿＿＿＿＿＿＿＿＿＿＿＿＿＿＿＿＿＿＿＿＿＿＿＿

教師の特性

指導形態：担当教師のみ　チーム・ティーチング（主担当　担当）
日本語能力：母語話者　非母語話者（初級　中級　上級　母語話者並み）
日本語教員養成課程：国内大学　国内教員養成プログラム　海外大学
　　　　　　　　　　なし　その他＿＿＿＿＿＿＿＿＿＿＿＿
日本語教育経験：専任＿＿＿＿＿年，非常勤＿＿＿＿＿年，TA＿＿＿＿＿年，
　　　　　　　　ボランティア＿＿＿＿＿年
指導方針の変化に対する態度：積極的　やや前向き　望まない
主たる教授法：直接法（場面教授法），ALM，TBLT，CBI/CLIL，
　　　　　　　その他＿＿＿＿＿＿＿＿＿＿＿＿
指導スタイルの特徴：

機関の特徴

> 機関の日本語教育の目的：
> _____
> _____
>
> コース目標：
> _____
> _____
>
> コース目標に合致するシラバス・タイプ：
> 文法　語彙　場面　機能　トピック　タスク　技能基盤　スキル
>
> コース目標に合致する教授法・アプローチ：
> _____
>
> 日本語以外の科目：なし　あり（日本語使用____％）
>
> プレースメントテスト：なし　文法　会話　聴解　読解　作文
> 　　　　　　　　　　客観テスト（四肢選択，穴埋めなど）
> 　　　　　　　　　　主観テスト（インタビュー，作文など）
>
> １クラスのサイズ：1〜5人，6〜10人，11〜15人，16〜28人，
> 　　　　　　　　　29〜35人，36〜49人，50人以上
>
> 授業日数：月　火　水　木　金　1日：1回____時間×____回
>
> 【施設】
> 　教室：大きすぎる　丁度よい　小さすぎる
> 　　　　静か　雑音多い　明るい　暗い
> 　黒板・白板：ない　小さすぎる　適度
> 　椅子・机：移動可能　固定
> 　機器：電子黒板　プロジェクター　パソコン　マイク　スピーカー
> 　　　　DVDプレーヤー　テレビ　その他_____
>
> 予算：厳しい　潤沢

資料 6-2： 教科書分析チェックリスト

【対象教科書の書誌情報】

教科書名：＿＿＿＿＿＿＿＿＿＿＿＿＿＿＿＿＿＿＿＿＿＿＿＿＿＿＿＿＿＿＿＿＿

筆者・編集者など：＿＿＿＿＿＿＿＿＿＿＿＿＿＿＿＿＿＿＿＿＿＿＿＿＿＿＿＿

出版年：＿＿＿＿＿＿＿＿＿＿　　出版社：＿＿＿＿＿＿＿＿＿＿＿＿＿＿＿＿

分析の観点	気づいた点・疑問点	評価　大変よい / よい / まずまず / あまりよくない / よくない	重要度　重要 / 望ましい / 重要ではない
教材			
1. 教材のみで指導可能か。		4　3　2　1　0	○　△　×
2. 副教材（ワークブック，音声DVD，映像DVD，教師用マニュアル，教科書用サイト，eラーニング教材など）は充実しているか。		4　3　2　1　0	○　△　×
3. 副教材の質は高いか。		4　3　2　1　0	○　△　×
4. 教科書のレイアウト，イラスト，写真は，どの程度学習者にとって魅力的なものか。		4　3　2　1　0	○　△　×
5. 各課のデザインや文字はどの程度分かりやすく，見やすいか。		4　3　2　1　0	○　△　×
6. 写真，イラストはどの程度各課の内容と合致し，文化的に適切か。		4　3　2　1　0	○　△　×
7. 視聴覚教材の質は高いか。		4　3　2　1　0	○　△　×

8. 教科書の内容を削除したり，足したり，順番を変えたりすることがどの程度可能か。		4 3 2 1 0	○ △ ×
9. 教科書と副教材は値段に見合うものか。		4 3 2 1 0	○ △ ×
コース目標			
10. 教科書が対象とする学習者と対象科目の受講者の特性は，どの程度合致しているか。		4 3 2 1 0	○ △ ×
11. 教科書はどの程度学習者のニーズに応えているか。		4 3 2 1 0	○ △ ×
12. 教科書が提示する目標は，科目の目標とどの程度合致しているか。		4 3 2 1 0	○ △ ×
13. 教科書のシラバスは採用可能性のある科目のシラバスとどの程度合致しているか。		4 3 2 1 0	○ △ ×
14. 教科書はどの程度機関の教育目標と合致しているか。		4 3 2 1 0	○ △ ×
15. 総授業時間数とペース配分を考えて，教科書の量や内容は現実的にどの程度消化できるものか。		4 3 2 1 0	○ △ ×
16. 教科書全体を通して，どの程度言語機能や使用場面を重視したシラバスや構成になっているか。		4 3 2 1 0	○ △ ×
内容			
17. 教科書のトピックは学習者の興味を引くか。		4 3 2 1 0	○ △ ×
18. 教科書の内容は学習意欲を高めるか。		4 3 2 1 0	○ △ ×
19. 教科書は学習者に適度なチャレンジを与えるものになっているか。		4 3 2 1 0	○ △ ×

第 6 章　教材

20. トピックは論理的に配列されているか。		4 3 2 1 0	○ △ ×
21. トピックのバラエティは十分か。		4 3 2 1 0	○ △ ×
22. テクストや談話のタイプのバラエティは十分か。		4 3 2 1 0	○ △ ×
23. 教科書の内容の難易度は段階的に上がっているか。		4 3 2 1 0	○ △ ×
24. 教科書の内容は学習者の年齢や知的レベルに合致しているか。		4 3 2 1 0	○ △ ×
25. 適切なスピーチレベルやスタイルを使わせる指導がなされているか。		4 3 2 1 0	○ △ ×
26. 教科書は学習者の文化，イデオロギー，宗教などに配慮しているか。		4 3 2 1 0	○ △ ×
27. 教科書は正確な情報を伝えているか。ステレオタイプなどを植えつけない，目標言語の文化や言語を美化しないなどの客観的な視点で作成されているか。		4 3 2 1 0	○ △ ×
28. 教科書の中での文化の扱いは適切か。		4 3 2 1 0	○ △ ×
言語形式			
29. 各課の新出語彙の数は，どの程度学習者のレベルに合っているか。		4 3 2 1 0	○ △ ×
30. 語彙の提示は，どの程度適切な文脈の中で行なわれているか。		4 3 2 1 0	○ △ ×
31. 各課の語彙数と配列は，どの程度適切か。		4 3 2 1 0	○ △ ×
32. 教科書全体を通して，文法項目数と文法の配列はどの程度適切か。		4 3 2 1 0	○ △ ×
33. 各課の文法項目数と配列は，どの程度適切か。		4 3 2 1 0	○ △ ×

34. どの程度言語的に正確なデータが使用されているか。		4 3 2 1 0		○ △ ×
35. どの程度，学習者が教室外で学習できるような分かりやすい提示・説明がなされているか。		4 3 2 1 0		○ △ ×
36. 言語項目はどの程度意味のあるコンテクスト（文脈）の中で紹介されているか。		4 3 2 1 0		○ △ ×
37. テクストの難易度はどの程度学習者のレベルに合っているか。		4 3 2 1 0		○ △ ×
38. 導入されている言語項目で，教科書終了時に，どの程度到達目標とする言語使用を可能にするか。		4 3 2 1 0		○ △ ×
39. 教科書はどの程度，科目が設定したシラバスの項目をカバーしているか。		4 3 2 1 0		○ △ ×
40. 既習項目はどの程度異なる文脈や状況などで再利用されているか。		4 3 2 1 0		○ △ ×
41. 文の長さや複雑さは，どの程度学習者のレベルに合っているか。		4 3 2 1 0		○ △ ×
42. 語彙や文法項目は，どの程度，学習者が利用しやすいように提示されているか。(巻末の文法リスト，語彙表，インデックスなどがあるか。)		4 3 2 1 0		○ △ ×
アクティビティ				
43. 授業活動はどの程度シラバスをカバーしているか。		4 3 2 1 0		○ △ ×
44. 授業活動はどの程度学習者の年齢・レベル・背景・興味などに適合しているか。		4 3 2 1 0		○ △ ×

45. 授業活動はどの程度学習者の目標に合っているか。		4 3 2 1 0	○ △ ×
46. 授業活動はコース目標を達成するのにどの程度効果的か。		4 3 2 1 0	○ △ ×
47. 授業活動はどの程度現実的な意味のあるコミュニケーションをさせるようになっているか。		4 3 2 1 0	○ △ ×
48. 授業活動の指示はどの程度分かりやすく，また適切か。		4 3 2 1 0	○ △ ×
49. 授業活動はどの程度学習ストラテジーや学習方法の発達を促しているか。		4 3 2 1 0	○ △ ×
4 技能			
50. 読解力を伸ばす十分な活動があるか。		4 3 2 1 0	○ △ ×
51. 読解教材のトピックとジャンルのバラエティは十分か。		4 3 2 1 0	○ △ ×
52. 前作業は，読解を支援するものか。		4 3 2 1 0	○ △ ×
53. 後作業は，読解の目的に合う応用となっているか。		4 3 2 1 0	○ △ ×
54. 聴解力を伸ばす十分な活動があるか。		4 3 2 1 0	○ △ ×
55. 聴解材料の音声や速度，談話は適切か。		4 3 2 1 0	○ △ ×
56. 前作業は，聴解活動を支援するものか。		4 3 2 1 0	○ △ ×
57. 後作業は，聴解の目的に合う応用となっているか。		4 3 2 1 0	○ △ ×
58. 学習者のバックグラウンドやコミュニケーションの目的に合う会話練習が十分あるか。		4 3 2 1 0	○ △ ×

59. 会話活動は教室外で応用できる意味のあるコミュニケーションになっているか。		4 3 2 1 0	○ △ ×
60. 意味交渉を促進させる十分なグループ・ワークやペア・ワークがあるか。		4 3 2 1 0	○ △ ×
61. 漢字や仮名などの説明や練習は量・質ともに適切か。		4 3 2 1 0	○ △ ×
62. 実践的なライティング・タスクが十分含まれているか。		4 3 2 1 0	○ △ ×
63. 適度な難易度のライティング・タスクが十分含まれているか。		4 3 2 1 0	○ △ ×
副教材			
64. 教師用マニュアルはどの程度教師が新しいアイディア，教授法などを学べるものになっているか。		4 3 2 1 0	○ △ ×
65. 教師用マニュアルは教師に教科書の目標，シラバス，アプローチ，指導法などをどの程度理解しやすい形で提供しているか。		4 3 2 1 0	○ △ ×
66. 教師用マニュアルはどの程度語彙，文法項目，トピック，機能などを探しやすく提示しているか。		4 3 2 1 0	○ △ ×
67. 教師用マニュアルでは，どの程度練習の答えが示されているか。		4 3 2 1 0	○ △ ×
68. 教師用マニュアルはどの程度，授業活動のバリエーションや導入方法，応用などの指導のヒントやガイドを提供しているか。		4 3 2 1 0	○ △ ×

第6章　教材

69. 教師用マニュアルは非母語話者教師にとってどの程度使いやすくなっているか。		4 3 2 1 0	○ △ ×
70. ワークブックはどの程度効果的に教科書の指導内容の練習に役立つか。		4 3 2 1 0	○ △ ×
71. ワークブックの練習の量と質はどの程度適当か。		4 3 2 1 0	○ △ ×

第 7 章

評価

1. はじめに

　教師にとって評価というとまず浮かぶのが学生の成績をつけるための評価であろう。また，日本語プログラムの責任者にとっての評価は，プログラムがどのようにうまく機能しているか，改善点があるか，どのような点を改善すべきかなどを探る目的で行なうものかもしれない。さらに，評価は教師自身の指導についても重要なフィードバックを提供する。このように教育機関では，様々な目的で評価が行なわれる。言うまでもなく，評価はその対象となるすべての者にとって，公正かつ適切でなければならない。そのためには，評価目的に合う適切な評価方法を適切に使いこなす必要がある。

　そこで，本章では，評価法の基礎概念を紹介し，評価方法の1つであるテストについて，その分類と，それぞれのテストタイプの特徴と留意点を述べる。さらに，現在多くの日本語学習者が受験する大規模テスト，そして評価の教育的利用について検討する。

2. アセスメント，エバリュエーション，評価

　日本語の「評価」は英語の assessment（アセスメント）と evaluation（エバリュエーション）の両方を包括する表現であるが，教育評価ではこの2つは区別されることが多い（Bachman, 2004; Bachman & Palmer, 2010; Brown, 1995）。

　アセスメントとエバリュエーションの定義には様々なものがあるが，主に2つのアプローチに大別できる。第1のアプローチはアセスメントを授業やカリキュラムの改善のための活動，エバリュエーションを言語プロ

グラムや教育機関全体に関わる活動と区別するものである。Brown (1995) は，アセスメントは授業改善に活かすため，学習の進み具合や成果を継続的に見る過程であると定義している。アセスメントでは，設定したゴールに基づき，言語テストのほか，ポートフォリオ，自己評価，授業観察など様々な手段を用い，学習者が何をどの程度学び，何を学べていないかについての情報を収集する。アセスメントは継続的に行なわれ，学習の結果よりも学習過程に焦点が当たった学習者中心の評価であると言われる。これに対して，エバリュエーションは，アセスメントで得た情報だけではなく，新入生や卒業生に関する調査や履修状況などの情報を収集し，プログラム評価や機関におけるプログラムの価値など，広義な評価を行なうという考え方である。

　第2のアプローチは，アセスメントを情報収集の過程，エバリュエーションを解釈と判断の過程と区別するものである (Bachman, 2004)。このアプローチでは，アセスメントは何らかの目的のために行なう情報収集過程であり，この情報収集過程は，評価の対象者，評価結果の報告先，そして，評価結果を利用する者にとって信頼できるものでなければならない。そのため，アセスメントは，妥当な根拠に基づき，明示的に定義され，質の検証が可能な情報収集の手段を用いる必要がある。例えば，言語のアセスメントの場合，先行研究から導き出された言語能力の定義やシラバスの到達目標をもとに，信頼性や妥当性が検証できる方法で行なわれなければならない。一方，エバリュエーションは，情報をもとに何らかの価値判断を下す過程であり，アセスメントはエバリュエーションの主要な情報源となりうると述べている。このアプローチは，授業改善，プログラム評価といった，評価対象の規模に関わらず，評価の過程を区別しているため，本章で目的とする言語評価の概要を説明するのに，より適していると考えられる。よって，本章では，アセスメントを評価の情報の収集過程，エバリュエーションは，評価結果の解釈と，それに基づく判断の過程と定義する（図7-1）。さらに，評価をアセスメントからエバリュエーションまでのすべての過程と定義する。

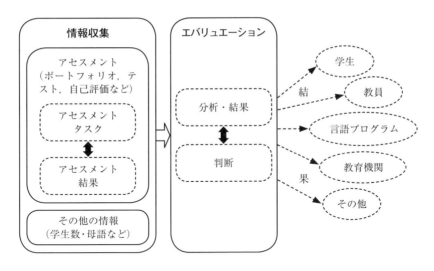

図7-1 アセスメントとエバリュエーション

3. 評価の分類

評価は、評価をいつ行なうか、どのような目的で行なうかなどによって様々なタイプに分類される。本節では、評価を行なう時期による分類(診断的評価・形成的評価・総括的評価)と目的による分類について説明する。

3.1 評価時期による分類:診断的評価・形成的評価・総括的評価

教育機関における評価には、診断的評価(diagnostic assessment)、形成的評価(formative assessment)、そして、総括的評価(summative assessment/ summative evaluation)がある。

診断的評価は、学習者が指導を受ける前に行なう評価で、学習者のレディネスや知識、能力的に強い点・弱い点を探るものである。例えば、他校から編入してくる学習者に診断テストを行ない、編入先の授業についていくために、漢字の知識や語彙力など足りないところがないかを調べておくことで、学習者に適切なアドバイスができる。また、4技能の習得を目的とする授業で、読解は強いが聞き取りや会話の苦手な学生や、会話はできるが読み書きができない学生に対して、補習計画を立てることもできる。

形成的評価は，指導開始後に，学習の進行状況を把握し，授業改善に活かしたり，個々の学習者に定期的に学習の進捗状況についてフィードバックを与えたりするための評価である。形成的評価は，学習者に自分が今何ができるようになっていて，何がまだできていないかを把握させることで，学習計画の立て直しや，予習，復習，特別指導など，学習成果を上げるための修正を促すことができる。そのため，形成的評価は「学習のための評価」（assessment for learning）とも呼ばれる。また，形成的評価は1つの授業のみならず，プログラムや機関に対して行なうことも可能である。例えば，新たなカリキュラムを開発する途中，あるいは既存のカリキュラムを改正している途中に，その進行状況を把握することで，途中で修正し，よりよいものにしていくことが可能である。

　総括的評価は，学習の修了時に，学習成果を査定するための評価であり，「学習の評価」（assessment of learning）とも呼ばれる。総括的評価も学習成果だけではなく，言語プログラムや教育機関に対する評価にも使用される。例えば，既存のプログラムの総括的評価をすることで，教員の雇用や次年度の予算，また当該機関と日本語教育が同レベルの他機関とを比較し，将来的な方針を立てることにも役立てられる。

3.2　評価の目的と判断による分類

　第2言語の評価結果は，様々な判断をするための材料となる。その判断は，学習者に関わるものだけではなく，教師の授業，あるいは教育機関の日本語教育プログラムそのものに関わるものもある。本項では，評価をもとにしてどのような判断がなされるかについて説明する。まず学習者に対しては以下のような判断を要することがある。

　　① 　学習者に関する判断
　　　1. 　入学を認めるかどうか（合否判定，admission）
　　　2. 　どの授業を受けさせるか，技能によって受けさせる授業のレベルを変えるべきかどうか（プレースメント，placement）
　　　3. 　到達目標に向かって学習者の学習の進み具合は適当か（学習

経過，progress（形成的評価による判断））
  4. 学習者は到達目標を達成し，当該科目を修了できるか（総括，summative（総括的評価による判断））
  5. 奨学金，交換留学，就職活動において，学習者を推薦すべきかどうか（選択，selection）

次に，教師にとっては，授業がうまくいっているかどうかを判断し，何が問題か，何をどう改善すべきかなどを検討する上で重要な情報を提供する。

② 授業に関する判断
  1. 授業の難易度は適切か
  2. 到達目標は適切か
  3. 授業内容，構成，活動を変更する必要があるか
  4. 効果的な授業であったか

さらに，評価結果は，プログラム運営やカリキュラム開発の過程では以下のような判断をするのにも利用できる。

③ 言語プログラムや教育機関に関する判断
  1. 言語プログラムはうまく機能しているかどうか，改善点はないか
  2. 言語プログラムはうまく機能したか
  3. 教師は効果的な指導ができているか，指導能力のばらつきの問題はないか

最後に，評価は教育学や言語学の研究において習熟度の判断材料にも使われる。

④ 研究に関する判断
  1. 特定の要因を操作することによって，言語能力が向上するか否か
  2. 習熟度の違いによって，ある要因の影響度が異なるかどうか

言うまでもなく，これらの課題について判断するものは，その判断の整合性を証明するために，判断材料として適切で方法論的に妥当なものを用いる必要がある。

4. アセスメント・タスク

前節で述べたような評価をするための方法には，主としてテストによる評価とテストによらない代替評価がある。本節ではこの2つの方法について説明する。

4.1 代替評価

1990年代になると，伝統的な紙面テストは学習者が何を知っていて，何を知らないかを評価するのには有効であるが，学習者に何ができて何ができないかを測るのには必ずしも有効でないと考えられるようになった（Hancock, 1994）。そこで，実技やポートフォリオなどを用いて，より学習者にとって意味のある代替評価（alternative assessment）をすることが提唱されるようになった。代替評価は，真正アセスメント（authentic assessment）とも呼ばれることがあり，評価対象者が実際に行なわなければならない言語活動や言語タスクを取り入れた評価である点が強調される。真正性の高い評価は学習意欲を高めるとともに学習者の自律学習，自主的評価を促すのである。以下に代替評価の主なものについて簡単に説明する。

4.1.1 パフォーマンス評価

代替評価の中でも，言語を使って何かをする活動を伴うものは，パフォーマンス評価（performance-based assessment）と呼ばれる。パフォーマンス評価には，プロジェクト・ワークの発表や，ロールプレイ・デモンストレーション，プレゼンテーションなどがあり，それぞれに対して明確な評価基準を設けたルーブリックを作成する必要がある。

4.1.2 自己評価

自己評価（self-assessment）は，自分が目標言語でできることとできな

いことを自身で評価するものである。これには日本語能力試験やBJTビジネス日本語能力テストといった大規模テストと対応するように作られた一般的なCan-do Statementsもあれば，プレゼンテーションの出来を，内容や構成，正確さ，分かりやすさや，説得力などといった指標について，何ができたかできなかったかを評価するというタスクに特化したものもある。自己評価は，診断的評価，形成的評価，総括的評価に用いられるが，自己評価のみを使うというよりは，ほかのアセスメントと組み合わせて使うことが多い（近藤ブラウン, 2012）。

　自己評価は，学習者の文化的背景，学習動機，自尊心，不安感，あるいは自律学習の経験や，学習者が自己評価の設問にある活動を実際にやったことがあるかどうかによる影響を受けるため，必ずしも正確ではないという批判がある。その一方で，自己評価は学習者に自身の言語能力や言語学習に対する意識化と内省を促し，より自分の言語発達について主体的に考えることができるという教育的価値がある。例えば，自分のプレゼンテーションの自己評価をさせることで，自身の問題点や改善点について考えさせることができる。また，これを継続的にすることで，自分のプレゼンテーション能力がどのように改善されていったか自己診断することもできる。

4.1.3　ピア評価

　自己評価は学習者自身が自分に対してする評価であるが，ピア評価（peer assessment）は学習者同士で行なう評価である。例えば，プレゼンテーションや作文を，学習者同士で評価するといったものであるが，ピア評価は自分とは違った視点で相手からフィードバックを得ることができるため，自分のパフォーマンスのどこがよかったのか，あるいはどこを改善すべきなのかなどのフィードバックを第三者から得られる点で意味がある。教師のフィードバックとは異なり，絶対的という印象はないが，自分が気がついていない事柄に気がつかせてくれるため，学習活動としても有効である。また，ピア評価をすることで，評価者自身が，どのようなパフォーマンスが学習成果として望ましいのか深く理解することができる。

4.1.4　ポートフォリオ評価

　ポートフォリオとは，学習期間中に，学習者が自分の学習成果をファイルに収めまとめたものである。学習成果とするものは，テスト，宿題，作文，プロジェクト・ワーク，学習者の音声や録画，自己評価シート，ピア評価シート，日記など何でもよい。学習者自身，または教師と学習者が協働で学期始めに何をポートフォリオに入れるかを決め，それを1つのボックスやファイルに入れていく。ポートフォリオは学習成果だけではなく，学習過程が見られる点で教育的な効果が期待できる。ポートフォリオ評価（portfolio assessment）は一般的に学習者と教師の両方で行なう。ポートフォリオに入れるものや，学習目標を学習者自身に決めさせ，その学習目標の達成度を表わすものを入れさせることによって，より学習者主体の評価をすることができる。

4.1.5　代替評価のまとめ

　代替評価は，紙面でのテストでは直接測定できない，学習者にとって意味のある言語活動の評価を可能にする。また，テストと異なり，学習者にとってより現実的，実際的な言語使用場面を設定し，運用を評価することが可能である。そして，代替評価は，学習者のパフォーマンスや学習成果を焦点とし，学習目標に合わせて行なうことが比較的容易である。そのため，学習者の学習動機を高め，学習者自身に望ましい成果について考えさせ，自身の学習について深く考える機会を与えられる，自律学習を促すことができるなどの利点がある。その一方で，代替評価は，評価基準を設定するのがテストほど簡単ではないことが多く，主観的評価にならないよう注意を要する。また，テストよりも，準備や評価に時間がかかる。例えば，ビデオ作品を作るなど，評価タスクによっては，特別の施設や材料などが必要となることもある。

　代替評価を授業の評価に採用する場合は，まず学習目標について，内容，スキル，活動目標などをできるだけ明確に定義する必要がある。その上で，代替評価で評価することが妥当な成果と，テストで評価することがより望ましいものとを明確にする必要がある。さらに，代替評価で測定す

るパフォーマンスを引き出すタスクを作成するとともに，そのタスクから実際に引き出せるパフォーマンスを明らかにする必要がある。そのためには事前テストをして，そのタスクが期待していないパフォーマンスを引き出さない，目的とするパフォーマンスが確実に引き出せることを確認しなければならない。その際，教示によって，パフォーマンスが変わらないかなどといった点についても注意し，必要においてタスクの修正を行なうことが重要である。このように，代替評価は主観的になってしまわないような事前調査が必要ではあるが，効果的に使うことで，学習者にとってより意義深い評価ができる。

4.2 テスト

代替評価は，特に授業においてその効果が期待できるが，先述したように，評価を要する判断は学習成果以外にも多々あり，多くの場合，テストがアセスメントの手段として採用される。テストは，四肢選択問題，穴埋め問題など，テスト形式による分類が可能である。また，特定の評価基準に基づくか否かなど，評価の基準系によっても分類できる。そこで，本項では，テストの形式と基準系による分類について述べる。

4.2.1 テスト形式

テストには，作文テストやインタビュー・テストのように，作文能力，口頭産出能力を直接測る「直接テスト」（①）と，四肢選択問題やTrue-False問題，穴埋め問題など，その運用がテスト環境に限定され，テストが測っているものが間接的に測定されると考えられる「間接テスト」（②）がある。主に直接テストは産出能力を測るときに用いられるが，間接テストは文法，語彙，表記，音声などの言語知識を測るために使われるほか，読解や聴解など受動的な技能の測定について用いられることが多い。

①　直接テスト
　・エッセイ
　・インタビュー

② 間接テスト
 ・四肢選択問題
 ・True-False 問題
 ・穴埋め問題
 ・Cloze テスト
 ・マッチング問題
 ・変換問題
 ・ディクテーション

　間接テストの中の Cloze テストとは，ある文章の中の単語を 5～7 語ごとに抜いていくか，特定の単語を抜いていって，被験者に穴を埋めさせるものである。このテストは，読解テストとも考えられがちではあるが，実際は読解テスト以外のテストと高い相関があることから，統合的な言語能力を測ると考えられている。また，ディクテーションも聴解テストではなく，統合的言語能力を測るテストである。

　直接テストはパフォーマンス評価でもあり，主として，明確な評価基準を設け，評価のルーブリックを用いて評価する。間接テストは正解を点数化することで測る。間接テストであってもぶれのない評価をするためには，形式によって項目の作成法に注意を要する。例えば，四肢選択問題では，4つの選択肢の長さが均一であり，かつ長すぎないこと，不正解となる選択肢は能力の高いものは選択しないが，低いものは選択する可能性が高いものであること，テスト内で正解がランダムに配置されていること，4つの選択肢の正解の割合が均等であることなど，作成においては注意すべきことが多々ある。また，True-False 問題は，全く正解が分からない学習者がすべて True にした場合も，50％正解を選ぶ確率があるため，知識がない学習者を高く評価してしまう可能性がある。そのため，このような状況においてどのように対応するかも検討しておかなければならない。さらに，穴埋め問題は 1 つの穴が埋められないとほかの問題も答えられないというようなものと，ほかの穴に影響されないものとでは，問題の性質が異なる。このような場合，問題の難易度も異なるため，配点に注意が必

要である。そして，これを回避するためには，1つの問題に複数の穴がある問題は避けるべきであり，大規模テストで，評価の結果による影響が重大であればあるほど，避けられる傾向がある。以上，効果的なテストを作成するためには，テスト作成マニュアルなどを参考しながら，テストの作り方について知っておく必要がある。

4.2.2　目標基準準拠テストと集団基準準拠テスト

　テストは何を評価の基準とするかによって目標基準準拠テスト（criterion-referenced test）と集団基準準拠テスト（norm-referenced test）に分かれる。目標基準準拠テストは，到達目標に達したか否かを示す明確な基準が設定されているものであり，被験者の得点は，到達度を示す得点に照らし合わせて評価され，ほかの被験者とは比べられない。したがって，被験者全員がその得点に達していれば，皆到達しているとみなされ，だれもその得点を取れなかった場合は，到達していないと判断される。目標基準準拠テストは，入学試験，授業の形成的評価や総括的評価，奨学金や交換留学プログラムへの推薦者の選択など，到達度の基準となる能力が設定できる場合に用いられることが多い。また，学習者の言語知識や能力の有無を診断するテストでも用いられる。

　これに対して，集団基準準拠テストは，被験者の得点を相対的に評価し，知識や能力の違いを明らかにするテストであり，学習者のテスト得点が被験者集団の中のどの位置にあるかを示すものである。一般的にTOEFLなど総合的な言語能力を測る場合は，集団基準準拠テストが採用される。集団基準準拠テストは，総合的な言語能力によって合否判断をする必要性のある進学のための評価や，プレースメント・テストなどに用いられることが多い。

4.2.3　言語適性テスト

　言語適性テスト（language aptitude test）は言語能力を測るテストではなく，言語を学ぶ適性があるかどうかを判断するテストであり，言語学習をさせた場合の成功率を予測できると考えられている。第二次世界大戦

以降，アメリカでは情報収集のために軍人に外国語を習得させる必要性が高まったことから，短期間で外国語を習得できる者を選抜するための言語適性テストの開発が進められた。その結果，開発されたのが Modern Language Aptitude Test（MLAT）（Carroll & Sapon, 1959, 2002）である。MLAT は 1950 年代に開発されたが，その当時の教授法の主流派がオーディオ・リンガル・メソッド（Audio-Lingual Method, ALM）であったことから，言語適性の構成能力も，①音声符号化能力，②文法に対する敏感さ，③暗記学習能力，④帰納的学習能力と定義づけられている。よりコミュニカティブな教授法が主流となってからは，MLAT は多くの批判を浴びたが，コミュニカティブな指導を受けた学習者のテスト得点との相関があることから，現在でも言語適性テストとして使用されている。

　MLAT 以外の言語適性テストとしては，Pimsleur Language Aptitude Battery（PLAB）がある（Pimsleur, 1966; Pimsleur, Reed, & Stansfield, 2004）。MLAT には小学生と成人を対象としたテストがあるが，中高生を対象としたものがなかったことから，PLAB は，中高生のための言語適性テストとして開発された。Pimsleur（1968）の研究では，平均成績（Grade Point Average, GPA），学習意欲，口頭能力，聴覚能力が有意に外国語学習と関係していたことから，このテストでは，この 4 つを測定している。具体的には，①学生の GPA，②外国語学習への意欲，③英語の語彙力，④言語分析能力，⑤音声識別能力，⑥音韻表象・形態表象連結能力の評価からなり，③と④は口頭能力（verbal ability），⑤と⑥は聴覚能力（auditory ability）を測っている。PLAB は学習者を選抜するというよりは，個々の学習者の適性を把握することで，学習者に合った指導に活かすことを目的としている。例えば，外国語学習がうまくいかない学習者は，どのような点が弱いのかを言語適性テストで診断することで，指導のあり方を検討することができるのである。

5.　信頼性と妥当性

　被験者はもとより，家族や教育機関など，評価により影響を受ける者，いわゆるステークホルダー（stakeholder）にとって，評価の結果が信

用できるものでなければ，評価の意味がないだけではなく，不当な評価ともなりうる。これはどのような評価にも当てはまることではあるが，特にテストで，テスト結果が妥当であることを保証することが重要である。そこで本節では，テストの質の保証に関わる重要な信頼性，妥当性の概念について説明する。

5.1 信頼性

　信頼できるテストとは，評価結果が安定していることを意味する。テストの信頼性を高めるためには，様々な手法がある。例えば，同じものを測定していると想定される項目が複数あれば，同じような結果を示すはずである。また，同じものを測定しているテストであれば，学習者の能力が著しく変わらないかぎり，複数回試行しても成績が同じでなければならないし，同じテストに複数のバージョンがある場合，どのテストを受けても同じ学習者の成績は同様でなければならない。さらに，採点者の主観的判断が入りやすいような格付け評価であれば，採点者が変わっても同じ結果を出す採点方法が望ましいし，同じ採点者が複数回同じ被験者を評価した場合も，同じ結果が出せるようなものである必要がある。加えて，どのような項目であれ，能力を有する学習者だけが正解となることも大切である。このように信頼性は様々な方面から確かめる必要がある。表7-1は信頼性のタイプと信頼性をテストするための統計手法を示したものである。

表 7-1　信頼性の種類

信頼性の種類	意義と解釈	統計・指標
内的整合性信頼性	特定の概念を測定する目的で作られたテスト項目が，全体として同じ概念を測定していると言えるかどうかを表わす指標。一般的に係数の値が 0.7 以上であると信頼性が認められる。	Cronbach の α 係数，Kuder-Richardson の KR20，KR21 折半法，Spearman-Brown の公式，McDonald の ω 係数
再検査信頼性	同じテストを一定期間置いて同じ被験者に施行した場合の得点の相関。	ICC（級内相関係数）
平行検査信頼性	同じテストの 2 つの平行版を同じ被験者に施行した場合の，テスト間の相関。	相関関数
採点者間信頼性	同じ被検者を複数の採点者が採点した場合の，採点者間の得点の相関。	ICC（級内相関係数）
採点者内信頼性	同じ被験者を 1 人の採点者が複数回採点した場合の相関。	ICC（級内相関係数）

5.2　妥当性

　妥当性は評価において最も重要な概念と言われ，評価しようとしているものが本当に評価できているかどうかを表わす。例えば，信頼性の低いテストを用いて被験者の言語能力を測定することは妥当とは言えない。なぜなら，テスト結果に信頼性がなければ，そもそもその数値が学習者の言語能力を測っているという保証ができないからである。では，信頼性が高ければ妥当性が高いかというとそういうわけでもない。例えば，どれだけ信頼性の高い数学のテストであっても，それを言語能力の評価に使おうと考える者がいないのは，数学で言語能力を測ること自体が妥当でないからである。また，日本語能力試験の成績がアカデミックな日本語の運用能力を測っているかというとそうではない。なぜなら，日本語能力試験はアカデミックな場面を想定し，その場面での言語使用をもとに構築されたテストではないからである。

　では，成人の言語能力を測るテストを子供にすることはできるだろうか。あるいは，中国人を対象にして信頼性の高いテストを作った場合，それを印欧語圏の学習者に使うことができるであろうか。これらはすべて妥当性に関わる問題である。本項では，妥当性の概念についての歴史的変遷

を追うとともに、今日妥当性を検証するためにどのようなアプローチがあるのかについて説明する。

5.2.1 妥当性の概念の歴史的変遷

1980年代までは、妥当性には、内容的妥当性（content validity）、基準連関妥当性（criterion-related validity）、構成概念妥当性（construct validity）という3つのタイプがあると説明されてきた。内容的妥当性とはアセスメントに用いる問題や質問の内容が測定したい領域を正しく反映していることを示す。内容的妥当性を保証するには、問題や質問が領域の範囲内から偏りなく選択される、つまり代表的なサンプルが公平に選ばれる必要がある。この検証は一般的にその分野の専門家によってなされるが、客観的な指標がないため、主観の影響が排除できない。

基準連関妥当性とは、その評価尺度が同じ概念を反映する外的基準と同等の結果をもたらすかを示し、基準的連関妥当性には、併存的妥当性（concurrent validity）と予測的妥当性（predictive validity）がある。併存的妥当性の具体例としては、新しいプレースメント・テストを開発した場合、信頼性と妥当性が保証されたほかのプレースメント・テストを基準とし、被験者に両方を受けさせ、相関が高ければ、併存的妥当性があると言える。また、新しいプレースメント・テストの結果が、インタビューや面接などほかの手段で行った結果と相関が高い場合も併存的妥当性が認められる。予測的妥当性の例としては、入学試験の成績が入学後の学業成績と高い相関があれば、予測的妥当性は高いと言える。あるいは、会社の適性検査によって、職員が配置された場合、これらの職員がそれぞれの部署で高い実績をあげたならば、その適性検査は予測的妥当性が高い検査だと言える。

構成概念妥当性とは、測定しようとする概念や特性がどの程度適切に評価されているかを意味する。この概念は例えばコミュニケーション能力といった抽象的な概念であり、複数の概念から構成されている場合も多い。例として、第2章で述べたように、Backman & Palmer（1996）では、コミュニケーション能力は、言語能力、世間一般に関する知識体系、方略的

能力で構成され，言語能力を支える言語知識は，階層的に示された様々な知識で構成されている。構成概念妥当性の検証では，評価尺度の得点が理論やモデルとどの程度整合性があるかを探る。その方略としては，信頼できる基準との相関や因子分析，理論的に同じ概念を測定する指標（収束的妥当性）と，異なる概念を測定する指標（弁別的妥当性）との相関関係を多特性多方法行列（Multitrait-Multimethod Analysis, MTMM）を用いて分析する。

　しかし1980年代には，この3つの妥当性が全く独立したものと言えるか，3つの妥当性の検証で妥当性が保証されると言えるのか疑問視されるようになった。Messick（1989）は，妥当性は複数あるわけではなく，構成概念という1つの総合的妥当性に集約されると主張した。この総合的妥当性は，テストの得点の解釈が適切で有意味であるかを証明する実証的証拠や理論的証拠がどの程度あるかを示す概念であり，妥当性は，あるかないかではなく程度の問題であるとした。Messickの理論では，妥当性はテストそのものに当てはまるのではなく，テストの結果の解釈について検討されるべきものである。Messickは妥当性の程度を証明する側面として表7-2にある6つのタイプをあげているが，このほかの側面もありうると考えている。表7-2によると，内容的妥当性は内容的側面から，基準連関妥当性は外的側面から見た証拠の1つと想定され，信頼性も一般化可能性の側面に当たり，妥当性の証拠の1つと考えられている。

表 7-2 Messick（1989）における妥当性の側面

側面	証拠の内容	指標
1. 内容的側面	評価項目の内容は測ろうとする構成概念に対応しており，代表的なサンプルとなっているか。	専門家の判断
2. 本質的側面	評価項目への反応が何らかの理論やモデルをもとに説明できるか。	プロセスの分析
3. 構造的側面	評価尺度の得点構造がその構成概念の理論的構造と合致するか。	因子分析
4. 一般化可能性の側面	測定結果が，ほかの実施状況，実施期間，被験者，項目セットに一般化できるか。	信頼性
5. 外的側面	ほかの変数との間に理論から予想される相関が示せるか。	相関
6. 結果的側面	評価に基づく判断から生じた事態が社会的に有益な結果をもたらしているか。	社会的影響の分析

このうち，結果的側面は，テストを運用した結果，初めて明らかになるために，妥当性の証拠とするかどうかについては意見が分かれている。Popham（1997）は結果的側面を妥当性の概念に含めることは，妥当性の概念を明らかにする代わりに拡散させ混乱を生じさせると批判した。一方，Messick（1989）や Bachman & Palmer（1996）はテストの解釈とテスト使用による社会的影響は妥当性の重要な側面であると主張してる。妥当性の検証の枠組みについては現在でも一致した見解が得られていないが，今日，妥当性は構成概念妥当性という総合的概念であるという点，そして，妥当性の検証は複数の観点からなされなければならないという点では一致している。

Messick の理論が一般的に認められるようになるに伴い，具体的に妥当性の側面をどのように検証していくかについて提言されるようになった。次項では，この中でも代表的な証拠に基づくアプローチと論証に基づくアプローチについて説明する。

5.2.2 証拠に基づくアプローチ

証拠に基づくアプローチ（Evidence-Based Approach）は，テストの妥

当性を検討する各側面について，詳細なチェック項目を設定し，それぞれの項目のチェックを積み重ねて妥当性の程度を検証するアプローチである。このアプローチに基づく指標としては Backman & Palmer（1996）の有用性の指標や，Mislevy, Steinberg, & Almond（2002）の証拠中心のデザイン，Weir（2005）の社会心理学的枠組みなどがある。Weir は読解・聴解・会話・作文の 4 技能について図 7-2 のような枠組みを設定し，その中の各項目をチェックすることを提唱した。Weir の枠組みでは，理論的妥当性，文脈妥当性，採点妥当性，基準連関妥当性，結果妥当性の 5 つに分かれ，これらは Messick の妥当性の側面に概ね即している。

　証拠に基づくアプローチは詳細なチェック項目が提示され，明示的にどのような証拠集めが必要なのかが分かりやすい。また，これまでの評価研究で重要視されてきたすべての要点が含まれているため，評価法研究者にとっては受け入れやすいアプローチと言える。その一方で，あらゆるテストにおいてすべての項目について同等に重要だとはかぎらない，テスト状況においてより重要視すべきものとそうでないものとが区別されない，という批判もある。また，チェック項目の確認に終始し，当該テストの妥当性の検証で問題となる点が見過ごされる可能性もある。さらに，項目が細かすぎて柔軟性に乏しく，実際には使いにくいという問題がある。このような点を踏まえ，Bachman & Palmer（2010）は証拠に基づくアプローチを用いた妥当性の検証アプローチから，論証に基づく妥当性の検証アプローチに移行している。

第7章　評価

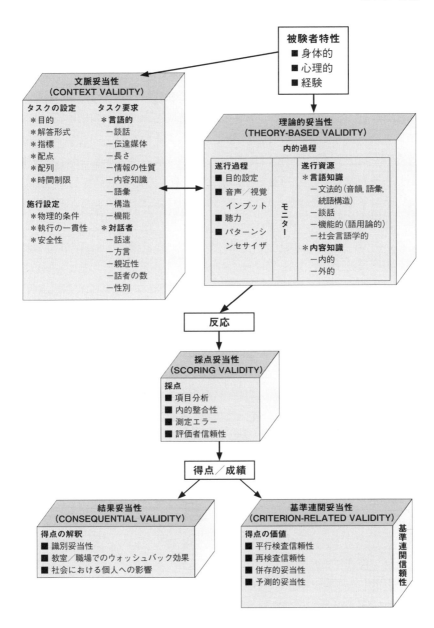

図 7-2　聴解テストの妥当性の検証のための社会心理学的枠組み
　　　　（Weir, 2005: 41, 筆者訳）

5.2.3 論証に基づくアプローチ

論証に基づくアプローチ（Argument-Based Approach）は，法律学や社会学での論証法をテストに応用したものである（Kane, 2013）。論証に基づくアプローチは解釈的論証（interpretive argument）と妥当性の論証（validity argument）という2つの論証で構成される。解釈的論証では，テストの得点の解釈と利用に関する推論と前提を明記し，妥当性の論証の枠組みを構築する。妥当性の論証では，理論や実証研究を通して，解釈的論証の裏付けに対する評価を行なう。この際，意図した解釈と使用を支え，反駁する証拠を複数あげ，一貫して分析することで，テスト得点の解釈と使用の評価をするのである。

図7-3は，テストの施行から得点の解釈に至る論証を示している。例えば，大学に入学してきたばかりの留学生に，アカデミック・スピーキングの科目を履修させるか否かを決める場合を例に取って考える。この場合，目標言語使用範囲を定義し，テストの対象領域を決め，得点の意図した解釈と使用，推論と前提を明記する。

まず，目標言語使用範囲は，大学の授業中のディスカッション，質疑応答，プレゼンテーション，教員との面談での会話などが考えられる。この言語運用能力を観察するためには，講義や専門書の内容について，文法や語彙などの言語知識を流暢に使いこなし，アカデミック場面に適切かつ論理的な談話や意味交渉を行なえなければならないという推論が成り立つ。

このような言語使用を適切に測れるテストがあり，それが適切に施行されたという前提が成り立つならば，得点はそのテストで測れるアカデミック・スピーキング能力を適切に測っていると推論できる。一方，テストで用いる語彙が専門的すぎる，被験者にとって未知語が多いなどといった問題がある場合，テスト得点が意図する能力を測っているとは言えない。

次に，得点がアカデミック・スピーキングの代表的サンプルから抽出されているという前提が立てられるならば，同じ被験者が同じテストの別のバージョンを受験しても同様の成績を取るという推論が成り立つ。そして，外挿の段階でテストと同様の能力が授業に求められるという前提で，その得点を取った被験者が授業でアカデミック・スピーキングがどの程

度使えるかについて推論ができる。例えば，100点中30点であった場合，おそらく当該被験者は授業中にアカデミック・スピーキングがあまりできないであろうと推察できる。

利用の段階で，アカデミック・スピーキングのスキルを有するか否かが，ほかの科目での成績に影響すると仮定できるならば，30点を取った被験者は授業で必要とするアカデミック・スピーキング能力を有していないと推論できる。そして，最終的な判断として，30点はアカデミック・スピーキングの指導が必要な点である，という推論が成り立ち，その点を取得した学習者は，アカデミック・スピーキングの科目を受講すべきという判断になる。

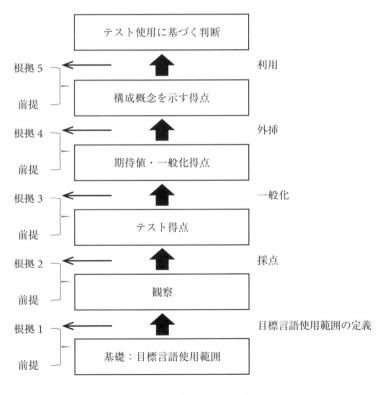

図7-3　解釈的論証のステップ

以上，説明した解釈的論証が妥当か否かは妥当性の論証を通してなされる。目標言語使用場面で必要とする言語の分析をもとに，意図した解釈と使用を支えるテストを開発する。この段階では，専門家によるテスト項目の言語的特性，タスク，項目のバラエティなどの分析が行なわれ，テストの適切性を実証的に検証する。採点の段階では，得点の分布や，評価者間信頼性などを分析し，採点が適切に行なわれ，得点に問題がないか検証する。一般化の段階では，信頼性の検証などを通して一般化可能性を検証する。そして，外挿の段階では，プロトコル分析などから，現実世界でのプロセスとテストのパフォーマンスに重なりがあるかや，外的基準得点との比較を通して構成概念の実証的証拠が得られるか検討する。ここで言うプロトコル分析とは，被験者の内的認知過程を分析する認知心理学の方法である。プロトコル分析の代表的な例としては，被験者が何を考え，どう課題に取り組んでいるのかを課題遂行中に話してもらい，その発話を文字化したものを分析する発話思考法がある。最後に，テストを用いた判断によって受ける肯定的・否定的な結果や影響を分析し，テスト利用が効果的であるかどうか，意図した影響が起こり，意図しない影響が起こっていないかなどを検討し，目的に合うテスト利用ができているか判断する。

　このように論証に基づくアプローチでは，解釈的論証で立てた推論について，様々な情報源をもとに異なる種類の証拠を統合して，妥当性の論証を行なう。もし，論証中の推論が証拠と照らし合わせて考えにくいものであれば，解釈的論証を破棄するか修正しなければならない。このアプローチでは，解釈的論証を行なうことによって，推論や前提を支える証拠の中でも，特に問題となるものを明示し，いかに検証していくべきかの方向性を明らかにすることができる。そのため，証拠に基づくアプローチと比べ，テストの利用目的に照らし合わせて，何を証明することが必要なのかを絞り込める。その結果，より整合性のある妥当性の検証が可能となる。論証に基づくアプローチは今日，TOEFL iBT（Chapelle, Enright, & Jamieson(Eds.), 2008）やIELTS（Aryadoust, 2013）をはじめとする多くのテストに採用されている。

6. 大規模テスト

　1980年代以降，日本では在住外国人や留学生の急増に伴い，外国人の日本語能力を測る必要性が高まった。そのため，第2言語としての日本語を対象とした大規模テストが開発されるようになった。また，これらのテスト結果をもとに，出入国における優遇措置，日本での就職，進学などの判断が下されるようになった。表7-3は，日本語能力試験，日本留学試験，BJTビジネス日本語能力テスト，J. TEST実用日本語検定という4つの大規模テストについてその特徴をまとめたものである。

表7-3 日本の大規模テスト

	日本語能力試験（JLPT）	日本留学試験（EJU）
主催者	国際交流基金・日本国際教育支援協会	日本学生支援機構
開始年	1984	2002
URL	http://www.jlpt.jp/e/index.html	http://www.jasso.go.jp/eju/
形式	四肢選択問題（筆記テスト）	四肢選択問題（筆記テスト），作文
目的	日本語を母語としない人の日本語能力を測定し認定する	日本の大学（学部）などに進学を希望する外国人の日本の大学などで必要とする日本語力及び基礎学力を評価する
用途	・出入国管理上の優遇措置 ・医師等国家試験・准看護師試験受験資格 ・EPAに基づく看護師・介護福祉士の候補者資格 ・中学校卒業程度認定試験の一部免除	・大学進学 ・奨学金受給資格 ・大学入学試験免除
セクション	(1) 表記・語彙 (2) 文法・読解 (3) 聴解	(1) 日本語 　1. 読解　2. 聴解・聴読解　3. 記述 (2) 理科 (3) 総合科目 (4) 数学
レベルと得点	5レベル（N5 to N1）得点：0 to 180	日本語1&2　得点：0 to 400 日本語3　得点：0 to 50 理科　得点：0 to 200 総合科目　得点：0 to 200 数学　得点：0 to 200
テスト項目と時間	[N1] 　言語知識（文字・語彙・文法）・読解<110分>，聴解<60分> [N2] 　言語知識（文字・語彙・文法）・読解<105分>，聴解<50分> [N3] 　言語知識（文字・語彙）<30分>，文法・読解<70分>，聴解<40分> [N4] 　言語知識（文字・語彙）<30分>，文法・読解<60分>，聴解<35分> [N5] 　言語知識（文字・語彙）<25分>，文法・読解<50分>，聴解<30分>	日本語<125分> 理科<80分> 総合科目<80分> 数学<80分>
予定	7月，12月	6月，11月
実施場所	47都道府県，66か国	16都道府県，4か国
Can-doリスト	あり	あり

第 7 章 評価

BJT ビジネス日本語能力テスト（BJT）	J. TEST 実用日本語検定（J. TEST）
日本漢字能力検定協会	日本語検定協会・J. TEST 事務局
1996	1991
http://www.kanken.or.jp/bjt/	http://j-test.jp/?page_id=2
四肢選択問題（筆記テスト）	四肢選択問題（筆記テスト）
日本語を母語としない人の日本語によるビジネス・コミュニケーション能力を測定する	・日本語を母語としない外国人の日本語能力を測定する ・日本語を使ったビジネスコミュニケーション能力及びその基礎となる知識を測定する
・出入国管理上の優遇措置 ・就活／職場における優遇措置	・出入国管理上の優遇措置 ・大学入学資格審査資料 ・就活／職場における優遇措置 ・中国における正規の日本語能力試験
（1）聴解 （2）聴読解 （3）読解	（1）読解 　1. 文法語彙　2. 読解　3. 漢字　4. 記述 （2）聴解 　1. 写真　2. 聴読解　3. 応答 　4. 会話・説明
6 レベル（J5 to J1+）　得点：0 to 800	A-D 8 レベル（準 D 級 to 特 A 級） 　得点：0 to 1000 E-F 2 レベル（E to F）　得点：0 to 500 ビジネス A-D 5 レベル
聴解 <about 45 分 > 聴読解 <about 30 分 > 読解 <30 分 >	［準 D 級 - 特 A 級］ 　読解 <80 分 >，聴解 <about 45 分 > ［E-F］ 　読解 <70 分 >，聴解 <about 30 分 > ［ビジネス］ 　読解 <80 分 >，聴解 <about 45 分 >
CBT（Computer Based Testing）方式	奇数月（特 A 級 -F） 3 月，7 月，11 月（ビジネス）
国内：約 20 会場 海外：11 の国・地域　約 40 会場	年 6 回：4 都市 年 3 回：8 都市，10 か国
あり	なし

日本語の大規模テストに特徴的なのは，ほとんどが四肢選択問題からなり，パフォーマンス・テストではない点である。また，唯一作文を課している日本留学試験も，TOEFL iBT や IELTS などと比較すると，作文の長さも配点も少ない。これは，日本留学試験のアカデミック・ジャパニーズの言語使用範囲の記述が TOEFL iBT や IELTS とはかなり異なることを示唆している（門倉，2004）。日本留学試験は 2010 年に改定され，以前よりは作文の配点が多くなってはいるが，英語の大規模テストと比べると依然としてアカデミック・ライティングの配点は低い。

　J. TEST 実用日本語検定を除く 3 つのテストについては，被験者が日本語を使ってどのようなことができるかをイメージできるような自己評価リスト（Can-do リスト）も作成されている。Can-do リストとテスト得点の相関分析はなされているが，テストによっては，この Can-do リストの内容を字義通りに受け止めることはやや危険だと考えられる。例えば，日本語能力試験には会話や作文はないが，Can-do リストでは，スピーキング能力に関する記述がある。Can-do リストとの相関があるとはいえ，中国人学習者の場合，日本語の聴解や会話ができなくても日本語能力試験の N1 に合格する者が多いことは，日本語教育現場では広く知られている事実であり，日本語能力試験の結果をもとにこのような日本語学習者の口頭産出能力を推定するのは問題である。

　また，これらのテストの妥当性の検証は，限定的であるか，公表されていない。J. TEST 実用日本語検定についてはテストの妥当性の検証は公表されていないため，どのような検証がなされているのかも分からない。また，そのほかのテストは，伝統的な信頼性や，内容的妥当性，基準連関妥当性，構成概念妥当性の一部についての検証がほとんどで，テスト使用や結果に関わる妥当性の検証は全くなされていない。そのため，これらのテストは一般化しうるテスト結果を出してはいるものの，テスト結果の解釈が妥当であるとみなすことには注意を要する。

7.　評価と学習

　1980 年代の評価研究は，テストの信頼性や構成概念の構造を統計的に

検証することに焦点が当たっていたが，評価の妥当性研究において，評価の目的と評価方法の整合性，評価の有用性や評価結果の社会的影響が重視されるようになるとともに，教室での評価の役割についても検討されるようになった。単に成績をつけるだけではなく，どのような評価をすれば学習が進むのかが課題となり，この学習を支援する評価を「学習志向のアセスメント」（Learning Oriented Assessment, LOA）と言う（Purpura, 2004）。LOAの研究者たちは，学習志向の評価を高める要件や要素について研究を進めている。また，LOAに関連して，評価と学習を連動させようとする試みもある。この試みはダイナミック・アセスメント（Dynamic Assessment, DA）と呼ばれ，年少者教育や障害者教育での指導が試みられている。本節では，まずLOAについて概説し，DAについて説明する。

7.1 学習志向のアセスメント

学習志向のアセスメント（Learning Oriented Assessment, LOA）は形成的評価の考え方から発展した，学習を促進するアセスメントのことである。LOAには，教師，授業内容，フィードバックの与え方，頻度など様々な要素が関わる。Turner & Purpura（2016）は，LOAの研究には文脈的側面，誘出的側面，言語能力の側面，学習の側面，指導の側面，インターアクションの側面，情緒的側面があるとしている（図7-4）。

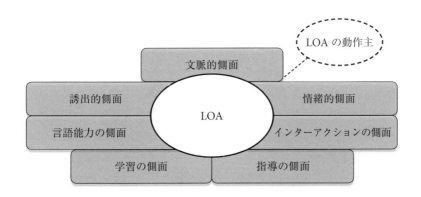

図7-4　Turner & Purpura（2016）におけるLOAの枠組み

文脈的側面は学習の社会的，文化的，政治的文脈を指す。文脈によって指導内容や方法，さらには評価が異なる。誘出的側面は何のために学習者の産出を引き出し，どのように引き出すかに関わる側面であり，産出のさせ方によって，第2言語の処理過程や学習効果が異なると考えられる。言語能力の側面については，学習者の言語能力により同じ評価でも結果や効果が異なる可能性があるため，言語能力と評価の関係によって第2言語習得が進むかどうかを検討する必要がある。学習の側面については，学習活動によりフィードバックや自己調整ストラテジーが異なり，これが学習効果や習得に影響を与えると考えられる。指導の側面は，教師の知識や指導経験を意味し，この要素は評価が学習を支援するかどうかに影響すると考えられる。インターアクションの側面はインターアクション中のフィードバックや評価が学習に与える影響に関わる。例えば，パフォーマンス評価がインターアクション中になされることが多いと，そこで起こる評価がのちの学習にどう影響するかはLOA研究にとって重要な課題である。最後に，学習者の情緒的側面が学習に影響を与えることは言うまでもなく，アセスメントが学習者の情緒的側面に正の影響を与えるか否かによって，学習効果が異なることは十分想定できる。

　LOA研究では，これらの側面を枠組みとして検討することで，LOAとはどのようなものかを明らかにし，より効果的なLOAのあり方について検討する。

7.2　ダイナミック・アセスメント

　ダイナミック・アセスメント（Dynamic Assessment, DA）はVygotsky (1978) の社会文化理論に基づくアセスメントである。社会文化理論では，人間の思考と行為を決定する精神機能は，人と人との相互行為によって生成され，インターアクション中には，社会文化的に構築された道具や記号などの媒介物によって情報の内化が行なわれるが，言語は情報の内化につながる重要な媒介物であると考えられている。そのため，言語がどのように習得されるかはこの理論の重要な課題である。社会文化理論では，自分1人で問題解決できる発達レベルと，大人や自分より能力の高い者との相互行為の中で援助を受けて初めて解決できる発達レベルとの間の隔たりを

最近接発達領域（Zone of Proximal Development, ZPD）と呼び，この領域で能力が発達するという。

DAでは，学習者との相互行為を通してZPDを探し出し，これから何が学べるか，その学習可能性を評価する。つまり，DAは今現在学習者に何ができるかできないかを評価するのではなく，学習者が今はできないことが将来的に克服可能かを評価していく評価方法である。

この手法としてDAでは，評価者は学習者の潜在的学習可能性を引き出すために，指導者的な介入を行ない，評価時に学習者が介入を通して何を学ぶかを引き出す。つまり，「評価の場」は，評価者の介入指導を行なう「指導の場」になり，その介入によって引き出される潜在的な学習可能性を見出す場にもなるのである。よって，評価者は学習者の学習成果を観察し，測定する役割と，介入指導を行なう学習媒介者としての役割を担う。

具体的には，例えば，評価中に学習者が回答できなくなった場合，評価者は，まずはヒントを出し，回答できるかどうかを見る。それで正解が引き出せない場合，助言，質問，提案，説明と徐々に介入の程度を高める指導を行ない，どの段階で学習者が回答できたかを測り，学習者の学習可能性について評価を行なうのである。この相互行為の中で評価者は学習成果を評価するだけではなく，その介入指導によって引き起こされた媒介学習を引き出す者にもなるのである。

このようにDAは従来の学習成果を評価する評価方法とは全く異なり，評価そのものが学習可能性を引き起こし，学習成果を上げるという主張をしている点で，学習を支援する評価方法の1つである。しかし，DAの基本は対面による相互行為であるため，教室環境にDAを応用するのは容易ではないが，読解，会話，作文指導などで用いられている。また，近年はDAをオンライン化した指導の可能性についても検討されている。

学習をサポートする評価については，研究が始まったばかりであり，まだ明らかにされていないことが多い。しかしながら，現場の教師にとっても学習者にとっても直接学習効果に影響をもたらす分野であり，今後の研究を通して，どのような評価がより学習効果を上げるのかが明らかにされることを期待したい。

参考文献

American Council on the Teaching of Foreign Languages. (1986). *ACTFL oral proficiency guidelines.* Yonkers, NY: Author.

American Council on the Teaching of Foreign Languages. (2012a). *ACTFL proficiency guidelines 2012—スピーキング.* Retrieved February 3, 2018, from https://www.actfl.org/publications/guidelines-and-manuals/actfl-proficiency-guidelines-2012/japanese/ スピーキング

American Council on the Teaching of Foreign Languages. (2012b). *ACTFL proficiency guidelines 2012.* Retrieved August 8, 2017, from https://www.actfl.org/publications/guidelines-and-manuals/actfl-proficiency-guidelines-2012

Anderson, L. W., Krathwohl, D. R., Airasian, P. W., Cruikshank, K. A., Mayer, R. E., Pintrich, P. R., Raths, J., & Wittrock, M. C. (2001). *A taxonomy for learning, teaching, and assessing: A revision of Bloom's Taxonomy of educational objectives* (Complete edition). New York: Longman.

Aryadoust, V. (2013). *Building a validity argument for a listening test of academic proficiency.* Newcastle upon Tyne, UK: Cambridge Scholars Publishing.

Asher, J. J. (1969). The total physical response approach to second language learning. *The Modern Language Journal, 53,* 3–17.

Asher, J. J. (1996). *Learning another language through actions: The complete teacher's guide book* (5th edition). Los Gatos, CA: Sky Oaks Production.

Austin, J. L. (1962). *How to do things with words.* Clarendon, UK: Oxford University Press.

Bachman, L. F. (1990). *Fundamental considerations in language testing.* Oxford, UK: Oxford University Press.

Bachman, L. F. (2004). *Statistical analysis for language assessment.* Cambridge, UK: Cambridge University Press.

Bachman, L. F., & Palmer, A. S. (1996). *Language testing in practice: Designing and developing useful language tests.* Oxford, UK: Oxford University Press.

Bachman, L. F., & Palmer, A. S. (2010). *Language assessment in practice.* Oxford, UK: Oxford University Press.

Bailey, N., Madden, C., & Krashen, S. D. (1974). Is there a "natural sequence" in adult second language learning? *Language Learning, 24,* 235–243.

Bloom, L. (1991). *Language development from two to three.* Cambridge: Cambridge University Press.

Bloomfield, L. (1933). *Language.* New York: Henry Holt.

Brown, H. D. (1994). *Teaching by principles: An interactive approach to language pedagogy.* Englewood Cliffs, CA: Prentice Hall Regents.

Brown, J. D. (1995). *The elements of language curriculum: A systematic approach to program development.* Boston, MA: Heinle & Heinle.

Brown, J. D. (2016). *Introducing needs analysis and English for specific purposes.* New York & London: Routledge.

Brown, R. (1973). *A first language: The early stages.* Cambridge, MA: Harvard University Press.

Canale, M. (1983). From communicative competence to communicative language pedagogy. In J. Richards, & R. Schmidt (Eds.), *Language and communication* (pp. 2–27). London: Longman.

Canale, M., & Swain, M. (1980). Theoretical bases of communicative approaches to second language teaching and testing. *Applied Linguistics, 1*(1), 1–48.

Carroll, J. B., & Sapon, S. M. (1959). *Modern language aptitude test.* San Antonio, TX: The Psychological Corporation.

Carroll, J. B., & Sapon, S. M. (2002). *Modern language aptitude test: Manual 2002 edition.* Bethesda, MD: Second Language Testing, Inc.

Celce-Murcia, M. (1995). The elaboration of sociolinguistic competence: Implications for teacher education. In J. E. Alatis, C. A. Straehle, & M. Ronkin (Eds.), Linguistics and the education of language teachers: Ethnolinguistic, psycholinguistic, and sociolinguistic aspects. Proceedings of the Georgetown University, Round Table on Languages andLinguistics, 2005 (pp. 699–710). Washington D.C.: Georgetown University Press.

Celce-Murcia, M. (2007). Rethinking of the role of communicative competence in language teaching. In E. A. Solar, & M. P. S. Jorda (Eds.), *Intercultural language use and language learning* (pp. 41–57). Dordrecht, Netherlands: Springer.

Chapelle, C. A., Enright, M. K., & Jamieson, J. M. (Eds.). (2008). *Building a validity argument for the test of English as a foreign language.* New York: Routledge.

Chomsky, N. (1957). *Syntactic structures.* The Hague/Paris: Mouton.

Chomsky, N. (1965). *Aspects of the theory of syntax.* Cambridge, MA: The MIT Press.

Clancy, P. M. (1986). *Acquisition of Japanese.* Hillsdale, NJ: Lawrence Erlbaum Associates.

Council of Europe (2011). *Common European framework of reference for languages: Learning, teaching, assessment.* Cambridge, UK: Cambridge University Press.

Coyle, D. (2005). Developing CLIL: Towards a theory of practice. *APAC Monograh, 6,* 5–29.

Coyle, D. (2008). CLIL: A pedagogical approach from the European perspective. In N. Homberger (Ed.), *Encyclopedia of language and education* (pp. 1200–1214). New York: Springer.

Curran, C. A. (1976). *Counseling-learning in second languages.* Apple River, IL: Apple River Press.

DeKeyser, R. M. (1995). Learning second language grammar rules: An experiment with a miniature linguistic system. *Studies in Second Language Acquisition, 17,* 379–410.

DeKeyser, R. M. (1998). Beyond focus on form: Cognitive perspectives on learning and practicing second language grammar. In C. Doughty, & J. Williams (Eds.), *Focus on form in classroom second language acquisition* (pp. 42–63). Cambridge, MA: Cambridge University Press.

DeKeyser, R. M. (2005). What makes learning second language grammar difficult: A review of issues. *Language Learning, 55*(Suppl. 1), 1–25.

Dörnyei, Z. (2005). *The psychology of the language learner: Individual differences in second language acquisition*. Mahwah, NJ: Lawrence Erlbaum.

Dörnyei, Z. (2009). *The psychology of second language acquisition*. Oxford: Oxford University Press.

Dörnyei, Z., & Kormos, J. (2000). Role of individual and social variables in oral task performance. *Language Teaching Research, 4*(3), 275–300.

Dubin, F., & Olshtain, E. (2002). *Course design: Developing programs and materials for language learning*. Cambridge, UK: Cambridge University Press.

Dudley-Evans, T., & St. John, M. J. (1998). *Developments in English for specific purposes: A multi-disciplinary approach*. Cambridge, UK: Cambridge University Press.

Dulay, H. C., & Burt, M. K. (1973). Should we teach children syntax? *Language Learning, 23*, 245–258.

Dulay, H. C., & Burt, M. K. (1974). Natural sequences in child second language acquisition. *Language Learning, 24*, 37–53.

Dulay, H. C., Burt, M. K., & Krashen, S. D. (1982). *Language two*. New York: Oxford University Press.

Ellis, N. C. (2005). At the interface: Dynamic interactions of explicit and implicit language knowledge. *Studies in Second Language Acquisition, 27*, 305–352.

Ellis, R. (1994). A theory of instructed second language acquisition. In N. C. Ellis (Ed.), *Implicit and explicit learning of languages* (pp. 79–114). San Diego, CA: Academic Press.

Ellis, R. (1997). The empirical evaluation of language teaching materials. *ELT Journal, 51*, 36–42.

Ellis, R. (2003). *Task-based language learning and teaching*. Oxford: Oxford University Press.

Ellis, R. (2005). *Instructed second language acquisition: A literature review*. Wellington, New Zealand: New Zealand Ministry of Education.

Ellis, R. (2008). *The study of second language acquisition*. Oxford, UK: Oxford

University Press.

Ellis, R. (2009). Task-based language teaching: Sorting out the misunderstandings. *International Journal of Applied Linguistics, 19*(3), 221–246.

Fries, C. (1945). *Teaching and learning English as a foreign language.* Ann Arbor, MI: University of Michigan Press.

Frisby, A. W. (1957). *Teaching English: Notes and comments on teaching English overseas.* London: Longman.

Gass, S. (1982). From theory to practice. In M. Hines, & W. Rutherford (Eds.), *On TESOL '81* (pp. 129–139). Washington, DC: TESOL.

Gattegno, C. (1963). *Teaching foreign languages in schools: The silent way* (1st ed.). Reading, UK: Educational Explorers.

Gouin, F. (1894). *The art of teaching and studying languages.* London: G. Philip & Son. (reprinted by Sturgis Press in 2008).

Greene, J. O. (2003). Models of adult communication skills acquisition: Practice and the course of performance improvement. In J. O. Greene, & B. R. Burlesen (Eds.), *Handbook of communication and social interaction skills* (pp. 51–92). Mahwah, NJ: Lawrence Erlbaum Associates.

Halliday, M. A. K. (1973). *Explorations in the functions of language.* London: Edward Arnold.

Halliday, M. A. K. (1975). *Learning how to mean: Exploration in the development of language.* London: Edward Arnold.

Hancock, C. R. (1994). *Alternative assessment and second language study: What and why?* Washington, DC: ERIC Clearinghouse on Languages and Linguistics, Center for Applied Linguistics.

Hatasa, Y., Hatasa, K., & Makino, S. (2014–2016). *Nakama 1 & 2: Japanese communication, culture, context.* Boston, MA: Cengage Publishing.

Howatt, A. P. R. (1984). *A history of English language teaching.* Oxford: Oxford University Press.

Hulstijn, J. (2002). Towards a unified account of the representation, processing, and acquisition of second language knowledge. *Second Language Research, 18*(3), 193–223.

Hutchinson, T., & Torres, E. (1994). The textbook as agent of change. *ELT Journal, 48*, 315–328.

Hymes, D. H. (1972). On communicative competence. In J. B. Pride, & J. Holmes (Eds.), *Sociolinguistics* (pp. 269–293). Baltimore: Penguin Education, Penguin Books Ltd.

Ishida, M. (2004). Effects of recasts on the acquisition of aspectual form *-te i-(ru)* by learners of Japanese as a foreign language. *Language Learning, 54*(2), 311–394.

Jackson, P. (1992). Conceptions of curriculum and curriculum specialists. In P. Jackson (Ed.), *Handbook of research on curriculum* (pp. 3–40). New York: MacMillan.

Johnson, R. K. (1989). *The second language curriculum*. Cambridge, UK: Cambridge University Press.

Jorden, E. H., & Chaplin, H. I. (1962–1963). *Beginning Japanese (part 1 & 2)*. New Haven, CT: Yale University Press.

Jorden, E. H. with Noda, M. (1987–1990). *Japanese: The spoken language (part 1, 2, & 3)*. New Haven, CT: Yale University Press.

Kageyama, T., & Kishimoto, H. (2016). *Handbook of Japanese lexicon and word formation*. Boston/Berlin: De Gruyter Mouton.

Kanagy, R. (1994). Developmental sequences in learning Japanese: A look at negation. *Issues in Applied Linguistics, 5*(2), 255–277.

Kane, M. (2013). The argument-based approach to validation. *School Psychology Review, 42*, 448–457.

Krashen, S. D. (1981). *Second language acquisition and second language learning*. Oxford: Pergamon.

Krashen, S. D. (1982). *Principles and practice in second language acquisition*. Oxford: Pergamon.

Krashen, S. D., Sferlazza, V., Feldman, L., & Fathman, A. K. (1976). Adult performance on the SLOPE test: More evidence for a natural sequence in adult second language acquisition. *Language Learning, 26*, 145–151.

Krashen, S. D., & Terrell, T. D. (1983). *The natural approach: Language acquisition in the classroom.* London: Prentice Hall Europe.

La Forge, P. G. (1983). *Counseling and culture in second language acquisition.* Amsterdam: Elsevier Science & Technology.

Lado, R. (1957). *Linguistics across cultures: Applied linguistics for language teachers.* Ann Arbor, MI: University of Michigan Press.

Lado, R. (1964). *Language teaching: A scientific approach.* New York: McGraw-Hill.

Larson-Freeman, D., & Anderson, M. (2011). *Techniques & principles in language teaching.* Oxford, UK: Oxford University Press.

Liskin-Gasparro, J. (2003). The ACTFL proficiency guidelines and the Oral Proficiency Interview: A brief history and analysis of their survival. *Foreign Language Annals, 36,* 483–490.

Loewen, S. (2015). *Introduction to instructed second language acquisition.* New York: Routledge.

Long, M. H. (1996). The role of the linguistic environment in second language acquisition. In W. C. Ritchie, & T. K. Bhatia (Eds.), *Handbook of second language acquisition* (pp. 413–468). New York: Academic Press.

Lozanov, G. (1978). *Suggestology and outlines of suggestopedy.* New York: Gordon and Breach.

Lozanov, G. (2009). *Suggestopedia/Resevopedia: Theory and practice of the liberating-stimulating pedagogy on the level of the hidden reserves of the human mind.* Sofia, Bulgaria: Sofia University Press.

Luk, Z. P., & Shirai, Y. (2009). Review article: Is the acquisition order of grammatical morphemes impervious to L1 knowledge? Evidence from the acquisition of plural -s, articles, and possessive 's. *Language Learning, 59,* 721–754.

Messick, S. (1989). Validity. In R. L. Linn (Ed.), *Educational measurement* (3rd ed., pp. 13–104). New York: American Council on education and Macmillan.

Mislevy, R. J., Steinberg, L. S., & Almond, R. G. (2002). Design and analysis in task-based language assessment. *Language Testing, 19,* 477–496.

Munby, J. (1988). *Language course syllabus design: A sociolinguistic model for designing the content of purpose-specific language programmes*. Cambridge, UK: Cambridge University Press.

Nation, I. S. P. (1990). *Teaching and learning vocabulary*. New York: Newbury House.

Nation, I. S. P., & Macalister, J. (2010). *Language curriculum design*. New York & London: Routledge.

Nunan, D. (1988). *Syllabus design*. Oxford, UK: Oxford University Press.

Nunan, D. (1989). *Designing tasks for the communicative classroom*. Cambridge, UK: Cambridge University Press.

Omaggio-Hadley, A. (2001). *Teaching language in context*. Boston: Heinle & Heinle.

Palmer, H. (1940). *The teaching of oral English*. London: Longman.

Paradis, M. (2009). *Declarative and procedural determinants of second languages*. Amsterdam, Netherlands: John Benjamins.

Pennington, M. C., & Richards, J. C. (1997). Re-orienting the teacinng universe: The experience of five first-year English teaches in Hong Kong. *Language Teaching Research*, *1*(2), 149–178.

Piaget, J. (1977). The role of action in the development of thinking. In W. F. Overton, & J. M. Gallagher (Eds.), *Knowledge and development* (pp. 17–42). New York: Prenum Press.

Pimsleur, P. (1966). *The pimsleur language aptitude battery*. Bethesda, MD: Second Language Testing, Inc.

Pimsleur, P. (1968). Language aptitude testing. In A. Davies (Ed.), *Language testing symposium: A psycholinguistic approach* (pp. 98–106). London: Oxford University Press.

Pimsleur, P., Reed, D. J., & Stansfield, C. W. (2004). *Pimsleur language aptitude battery: Manual 2004 edition*. Bethesda, MD: Second Language Testing, Inc.

Pinar, W., Reynolds, W., Slattery, P., & Taubman, P. (2004). *Understanding curriculum: An introduction to the study of historical and contemporary curriculum discourses.* New York: Peter Lang.

Popham, W. J. (1997). Consequential validity: Right concern-wrong concept. *Educational Measurement: Issues and Practice, 16,* 9–13.

Purpura, J. E. (2004). *Assessing grammar.* Cambridge, UK: Cambridge University Press.

Richards, J. C. (1984). Language curriculum development. *RELC Journal, 15*(1), 1–29.

Richards, J. C. (2001). *Curriculum development in language teaching.* Cambridge, UK: Cambridge University Press.

Richards, J. C. (2013). Curriculum approaches in language teaching: Forward, central and backward design. *RELC Journal, 44*(1), 5–33.

Richards, J. C., & Rogers, T. S. (2001). *Approaches and methods in language teaching* (2nd ed.). Cambridge, UK: Cambridge University Press.

Richterich, R., & Chancerel, L. (1980). *Identifying the needs of adults learning foreign language.* Oxford: Pergamon Press.

Rickheit, G., Strohner, H., & Vorwerg, C. (2010). The concept of communicative competence. In G. Rickheit, & H. Strohner (Eds.), *Handbook of communication competence* (pp. 15–62). Berlin/New York: De Gruyter Mouton.

Robinson, P. (2009). Syllabus design. In M. H. Long, & C. J. Doughty (Eds.), *The handbook of language teaching* (pp. 294–310). Malden, MA: Wiley-Blackwell.

Ross, A. (2000). *Curriculum: Construction and critique.* London: Routledge.

Sasaki, Y. (1994). Path of processing strategy transfers in learning Japanese and English as foreign languages: A competition model approach. *Studies in Second Language Acquisition, 16,* 43–72.

Saussure, F. D. (1916/1983). *Course in General Linguistics.* C. Bally, & A. Sechehaye (Eds.), R. Harris (Trans.). La Salle, IL: Open Court.

Savignon, S. J. (1997). *Communicative competence: Theory and classroom practice* (2nd ed.). New York: McGraw-Hill.

Savignon, S. J. (2002). Communicative language teaching: Linguistic theory and classroom practice. In S. J. Savignon (Ed.), *Interpreting communicative language teaching: Contexts and concerns in teacher education* (pp. 1–27). New Haven, CT: Yale University Press.

Schmidt, R. (1990). The role of consciousness in second language learning. *Applied Linguistics, 11*, 129–158.

Schmidt, R., & Watanabe, Y. (2001). Motivation, staregy use, and pedagogical preference in foreign language learning. In Z. Dörnyei, & R. Schmidt (Eds.), *Motivation and second language acquisition* (pp. 313–359). Honolulu, HI: University of Hawaii, Press.

Sheldon, L. E. (1988). Evaluating ELT textbooks and materials. *ELT Journal, 42*, 237–246.

Shirai, Y., & Kurono, A. (1998). The acquisition of tense-aspect marking in Japanese as a second language. *Language Learning, 48*(2), 244–279.

Skehan, P. (1998). *A cognitive approach to language learning.* Oxford: Oxford University Press.

Skinner, B. F. (1957/1992). *Verbal behavior.* Acton, MA: Copley Publishing.

Smith, R. C. (Ed.). (2004). *Teaching English as foreign language, 1936–1961: Selected papers.* Abingdon, UK: Taylor & Francis.

Spitzberg, B. H., & Cupach, W. R. (1984). *Interpersonal communication competence.* Beverly Hills, CA: Sage.

Spitzberg, B. H., & Hurt, H. T. (1987). The measurement of interpersonal skills in instructional contexts. *Communication Education, 36*, 38–45.

Stoller, F. L., & Grabe, W. (1997). A six-T's approach to content-based instruction. In M. A. Snow, & D. M. Brinton (Eds.), *The content-based classroom: Perspectives on integrating language and content* (pp. 78–94). New York: Longman.

Swain, M. (1984). Large-scale communicative language testing: A case study. In S. Savignon, & M. Berns (Eds.), *Invitation in communicative language teaching* (pp. 185–201). Reading, MA: Addison-Wesley.

Swain, M., & Lapkin, S. (1982). *Evaluating bilingual education: A Canadian case study.* Clevedon, UK: Multilingual Matters.

Sweet, H. (1899/1964). *The practical study of languages: A guide for teachers and learners*. Reedited by R. Mackin. London: Dent.

Tessmer, M., & Wedman, J. E. (1990). A layers-of-necessity instructional development model. *Educational Technology Research and Development, 38*(2), 77–85.

Tohsaku, Y-H. (1993). *Yookoso!: An invitation to contemporary Japanese*. Boston: McGraw Hills.

Tomlinson, B. (2012). Materials development. *Language Teaching, 45*, 1–37.

Turner, C. E., & Purpura, J. E. (2016). Learning-oriented assessment in second and foreign language classrooms. In D. Tsagari, & J. Banerjee (Eds.), *Handbook of second language assessment* (pp. 255–274). Boston/Berlin: Walter de Gruyter Inc.

Ullman, M. T. (2001). The neural basis of lexicon and grammar in first and second language: the declarative/procedural model. *Bilingualism: Language and Cognition, 4*, 105–122.

Ullman, M. T. (2004). Contributions of memory circuits to language: the declarative/procedural model. *Cognition, 92*, 231–270.

Van Ek, J. A., & Trim, J. L. M. (1991). *Threshold level 1990*. Cambridge, UK: Cambridge University Press.

VanPatten, B., & Williams, J. (2007). Introduction: The nature of theories. In B. VanPatten, & J. Williams (Eds.), *Theories in second language acquisition: An introduction* (pp. 1–16). New York: Routledge.

Vygotsky, L. S. (1978). Interaction between learning and development (M. Lopez-Morillas, Trans.). In M. Cole, V. John-Steiner, S. Scribner, & E. Souberman (Eds.), *Mind in society: The development of higher psychological processes* (pp. 79–91). Cambridge, MA: Harvard University Press.

Weir, C. J. (2005). *Language testing and validation: An evidence-based approach*. New York: Palgrave Macmillan.

Widdowson, H. (1978). *Teaching language as communication*. Oxford, UK: Oxford University Press.

Wiemann, J. M. (1977). Explication and test of a model of communicative competence. *Human Communication Research, 3*, 195–213.

Wilkins, D. A. (1972). *The linguistic and situational content of common core in a unit/credit system.* Strasbourg, FR: Council of Europe.

Wilkins, D. A. (1976). *Notional syllabus.* Oxford, UK: Oxford University Press.

Willis, D. (1990). *Lexical syllabus: A new approach to language teaching.* London: Collins E.L.T.

Willis, J. (1996). *A framework for task-based learning.* New York: Longman.

Wray, A. (2008). *Formulaic language: Pushing the boundaries.* Oxford, UK: Oxford University Press.

Yalden, J. (1983). *The communicative syllabus: Evolution, design, and implementation.* Oxford, UK: Oxford University Press.

Yamashita, J. (2004). Reading attitudes in L1 and L2, and their influence on L2 extensive reading. *Reading in a Foreign Language, 16,* 1–19.

Zobl, H. (1985). Grammar in search of input and intake. In. S. Gass, & C. Madden (Eds.), *Input in second language acquisition* (pp. 329–344). Rowley, MA: Newbury House.

池田伸子（2010）「ブレンディッドラーニング環境におけるeラーニングシステム利用の効果に関する研究──立教大学初級日本語コースを事例として──」『ことば・文化・コミュニケーション』2, 1–12.

石川智（2016）『The Great Japanese 30の物語 中上級──人物で学ぶ日本語──』くろしお出版.

伊藤克敏（1990）『こどものことば──習得と創造──』勁草書房.

伊村元道（1997）『パーマーと日本の英語教育』大修館書店.

上田安希子（2008）「日本人はどのように意見を述べるのか──日米の「グループの中で意見を述べる」談話の対照分析から──」『日本女子大学英米文学研究』43, 21–36.

荻原稚佳子・齊藤眞理子・増田眞佐子・米田由喜代・伊藤とく美（2001）「上・超級日本語学習者における発話分析──発話内容領域との関わりから──」『世界の日本語教育』11, 83–102.

奥野由紀子（2005）『第二言語習得過程における言語転移の研究──日本語学習者による「の」の過剰使用を対象に──』風間書房.

門倉正美（2004）『日本留学試験が日本語教育に及ぼす影響に関する調査・研

究——国内外の大学入学前日本語予備教育と大学日本語教育の連携のもとに——』平成 14 年度～16 年度　科学研究費補助金基盤研究費 (A)(1) 課題番号 14208022　研究成果報告書.

国際交流基金・久保田美子 (2006)『日本語教師の役割／コースデザイン (国際交流基金日本語教授法シリーズ 1)』ひつじ書房.

小柳かおる (2004)『日本語教師のための新しい言語習得概論』スリーエーネットワーク.

近藤ブラウン妃美 (2012)『日本語教師のための評価入門』くろしお出版.

坂本正・岡田久美 (1996)「日本語の授受動詞の習得について」『アカデミア　文学・語学編』61, 157–202.

迫田久美子 (1998)「第二言語学習者による「の」の付加に関する誤用」『第 2 言語としての日本語の習得に関する総合研究』平成 8～10 年度　科学研究費補助金研究成果報告書, 327–334.

佐々木泰子 (編)(2007)『ベーシック日本語教育』ひつじ書房.

佐藤知己 (2012)「アイヌ語の現状と復興」『言語研究』142, 29–44.

白畑知彦 (1994)「成人第 2 言語学習者の日本語の連体修飾構造獲得過程における誤りの分類」『静岡大学教育学部研究報告　人文・社会科学篇』44, 175–190.

スリーエーネットワーク (2012)『みんなの日本語初級 I 第 2 版 本冊』

スリーエーネットワーク (2013)『みんなの日本語初級 II 第 2 版 本冊』

田中望 (1988)『日本語教育の方法——コース・デザインの実際——』大修館書店.

堀口純子 (1983)「授受表現にかかわる誤りの分析」『日本語教育』52, 91–103.

水谷信子 (1988)「あいづち論」『日本語学』7 (13), 4–11.

嶺川由季 (2001)「大学院のゼミ談話で見られる日本語母語話者の「対話」と「共話」の使い分け」『社会言語科学』3 (2), 39–51.

明治書院企画編集部 (編)(1997)『日本語誤用分析』明治書院.

森篤嗣 (編)(2016)『ニーズを踏まえた語彙シラバス (現場に役立つ日本語教育研究 2)』くろしお出版.

索引

2語文 3
4技能 116, 124, 126, 128, 134

A

The Acquisition/Learning Hypothesis 119
ACTFL Guidelines／ACTFL ガイドライン 41, 68, 124, 126, 128, 129
ACTFL-OPI 43, 61, 129
ACTFL 言語運用能力基準 41, 124
　（→ ACTFL Guidelines／ACTFL ガイドライン）
Adjunct Model 133
The Affective Filter Hypothesis 119
　（→情意フィルター仮説）
alternative assessment 184
　（→代替評価）
Argument-Based Approach 198
　（→論証に基づくアプローチ）
assessment for learning 182
assessment of learning 182
Audio-Lingual Method（ALM）91, 92, 94–98, 113–115, 127, 128, 137, 152, 190
authentic assessment 184
authenticity 127

B

Bachman & Palmer 16, 17, 19, 20, 179, 195, 196
Bachman & Palmer のモデル 15
BJT ビジネス日本語能力テスト 201, 203
Blended Learning 148
　（→ブレンディッド・ラーニング）

C

CALL 教材 163
Canale & Swain 15, 16, 18, 19
Canale & Swain のモデル 14
Can-do リスト 204
CEFR 41, 43, 61, 68
Celce-Murcia のモデル 18
Cognition 133
Communication 133
communicative competence 13
communicative language proficiency 15（→コミュニカティブ言語能力）
Communicative Language Teaching（CLT）114–119, 121, 128
Community Language Learning（CLL）98–102, 113
Competency-Based Syllabus 69
　（→技能基盤シラバス）
concurrent validity 193
construct validity 193
Content 133
Content and Language Integrated Learning（CLIL）39, 70, 130, 131, 133–135, 144, 145, 152

Content-Based Instruction（CBI） 39, 70, 129–135, 144, 145, 152

content validity 193

criterion-referenced test 189

criterion-related validity 193 （→基準連関妥当性）

Culture 133

Curran 98, 99

curriculum development 24 （→カリキュラム開発）

D

diagnostic assessment 181

The Direct Method 84（→直接法）

Dynamic Assessment（DA） 205, 206

E

Evidence-Based Approach 195

e ポートフォリオ 164

F

Facebook 166

Flip Teaching 146（→反転授業）

Focus on Form（FOF） 138–140

Focus on Forms（FOFS） 138, 139

Focus on Meaning（FOM） 138–140

formative assessment 181 （→形成的評価）

Form-Focused Instruction（FFI） 138

G

Gattegno 102

Gouin 83

H

Hard CLIL 135

Hornby 87

Humanistic Approach 98（→ヒューマニスティック・アプローチ）

Hymes 13, 14, 20, 115

I

IELTS 200, 204

Initiation-Response-Feedback（IRF） 137, 138

The Input Hypothesis 119 （→インプット仮説）

Instagram 166

Instructed Second Language Acquisition（ISLA） 2, 136, 137, 140

interpretive argument 198

J

Jorden Method 97

J. TEST 実用日本語検定 201, 203, 204

K

Krashen 6, 118, 120, 123, 130, 131

L

language aptitude test 189 （→言語適性テスト）

Learning Oriented Assessment（LOA）205, 206
LINE 167
linguistic competence 14
linguistic performance 13
Lozanov 105

M

Messick 194–196
Modern Language Aptitude Test（MLAT）190
The Monitor Hypothesis 119
MOOCs 148, 164
Moodle 145, 148, 164

N

Natural Approach 118（→ナチュラル・アプローチ）
Natural Method 83（→ナチュラル・メソッド）
The Natural Order Hypothesis 119（→自然順序仮説／自然習得順序仮説）
Non-Interface Position 123
norm-referenced test 189

O

Oral Approach 87（→オーラル・アプローチ）

P

Palmer 87, 89

Partial CLIL 135
peer assessment 185（→ピア評価）
performance-based assessment 184（→パフォーマンス評価）
Pimsleur Language Aptitude Battery（PLAB）190
Podcast 167
portfolio assessment 186
PPP（Presentation, Practice, Production）86, 89
predictive validity 193
Proficiency-Oriented Language Instruction 124（→プロフィシエンシー・アプローチ）
Psychological Method 83

S

SARD（ecurity, Attention, Aggression, Retention, Reflection, Discrimination）99
de Saussure 87
Schmidt 137
Second Language Acquisition（SLA）1, 2, 15, 34, 73, 112, 123, 126, 130, 131, 136
self-assessment 184（→自己評価）
Series Method 83
Sheltered Instruction 133
Situational Language Teaching 87（→場面教授法）
Social Networking Service（SNS）166
Sociocultural Theory 130（→社会文化理論）

Soft CLIL 135

Strong Interface Position 123

summative assessment/summative evaluation 181（→総括的評価）

Swain 131, 137

T

Task-Based Language Teaching（TBLT） 40, 41, 136, 137, 140–142, 144, 145, 152

Terrell 118

Theme-Based Instruction 133

TOEFL iBT 200, 204

Total CLIL 135

Total Physical Response（TPR） 84, 108–113, 121, 122

Twitter 166

U

U字型発達曲線 4

V

validity argument 198

Vygotsky 130, 131, 206

W

Weak Interface Positon 123

Wiki 165

Y

YouTube 165

Z

zone of proximal development（ZPD） 131, 207

あ

アウトプット仮説 137

アセスメント 179, 180, 185, 187, 193, 206

アセスメント・タスク 184

アプローチ 81, 87, 114, 118, 124, 126, 127, 129, 130, 145, 149

暗記 82, 93, 97, 190

暗示的知識 8, 9, 12

い

一般化可能性 200

一般化可能性の側面 195

一般化得点 199

インスタグラム 166

インターアクション 128, 131, 137, 138, 141, 148, 159

インターアクション仮説 137

インターアクション能力 18, 62, 98

インターアクションの側面 205, 206

インプット 3, 6, 8, 10, 12, 34, 66, 83, 90, 91, 96, 112, 123, 125, 137, 149, 153, 161

インプット仮説 119, 120, 130

う

ウィキ 165

え

絵カード 159, 160
エクササイズ 136
エバリュエーション 179, 180

お

オーディオ・リンガル・メソッド 90, 190（→ Audio-Lingual Method（ALM））
オーラル・アプローチ 81, 86, 87, 94, 113
おもちゃ 159, 160
オンラインコーパス 167
オンライン辞書 167

か

解釈的論証 198
外的側面 194, 195
カウンセラー 101, 118
書き言葉 82, 92, 121
学習経過 182
学習志向のアセスメント 205 （→ Learning Oriented Assessment（LOA））
学習者主体 101, 111, 148, 149, 186
学習者中心 40, 60, 73, 126, 180
学習スタイル 31, 32, 35, 126, 127, 158
学習スタンダーズ 61
学習動機 7, 12, 30, 34, 118, 127, 185, 186
学習の言語 134
学習の側面 205, 206
学習のための言語 134
学習のための評価 182
学習の評価 182
学習目標 27, 28, 35, 37, 38, 59–61, 71, 74, 134, 186
学習を通しての言語 134
過剰使用 6, 10, 65, 66, 96
仮説検証 8
固まり 3, 5, 18
活動重視型アプローチ 40
ガテーニョ 102
カラン 98（→ Curran）
カリキュラム 23–25, 29–33, 37, 40, 42, 43, 59–61, 126, 152, 179
カリキュラム開発 23–30, 33, 34, 37–42, 59, 183
カリキュラム・デザイン 60
環境分析 28, 29, 31, 35, 39–41
観察 199
間接テスト 187, 188

き

機械的練習 127, 160, 163
基準連関妥当性 193, 196
期待値 199
気づき 9, 73, 138
気づき仮説 137
技能基盤シラバス 63, 69
機能シラバス 63, 67, 68, 74, 115
教育・学習原理（教育と学習の原理） 28, 33
強化 92

教科書 151–153, 155–159, 161, 167, 168
教師用マニュアル 153, 154, 159
教示を受けた第2言語習得 2, 136
（→ Instructed Second Language Acquisition（ISLA））

く

グアン 83

け

形成的評価 181–183, 189
形態素習得研究／形態素（の）習得順序 4, 9, 11, 120
結果妥当性 196
結果的側面 195
言語教育原理 34
言語使用 13
言語知識 7, 16, 73, 119, 194
言語適性 190
言語適性テスト 189, 190
言語能力 14–16, 18, 180
言語能力の側面 205, 206

こ

語彙シラバス 63, 67, 68, 74, 126
構成概念妥当性 193
構成概念を示す得点 199
構造主義言語学 87, 90, 91, 95, 114, 115
構造的側面 195
行動主義心理学 87, 91, 95, 96

合否判定 182
コース 23, 24, 37
コース・デザイン 26–28, 37–40, 42, 59–61, 145
コーパス 33, 67, 87
コミュニカティブ言語能力 15, 17
コミュニカティブ・ランゲージ・ティーチング 114
（→ Communicative Language Teaching（CLT））
コミュニケーション 13, 133
コミュニケーション能力 13–15, 18–22, 65–67, 82, 97, 99, 115, 118, 121, 126, 140, 193
コミュニティ 99
コミュニティ・ランゲージ・ラーニング 98（→ Community Language Learning（CLL））
誤用 3, 6, 11, 13, 15, 21, 141
語用論的知識 17
コントロール処理 8

さ

最近接発達領域 131, 207
再検査信頼性 192
サイコロジカル・メソッド 83
採点者間信頼性 192
採点者内信頼性 192
採点妥当性 196

し

シェルター指導 133
視覚的教材 85

索引

刺激 96
自己評価 32, 180, 184–186
自己評価リスト 204
四肢選択問題 204
自然習得 9, 98
自然順序仮説／自然習得順序仮説 119, 120
自然な認知プロセス 72, 73
視聴覚教材 151, 161
実物 85, 161
指導の側面 205, 206
社会言語能力 15, 18
社会文化能力 18
社会文化理論 130, 131, 206
写真 159, 160
習慣形成 87, 91–93, 95, 97, 98
集団基準準拠テスト 189
習得・学習仮説 119
習得過程 1, 2, 5, 11, 90, 120
習得順序 9, 11, 22, 65, 96, 120
習得の十分条件 123, 137
習得の必須条件 123, 137
情意フィルター 120–122
情意フィルター仮説 119, 120
証拠に基づくアプローチ 195
情緒的側面 205
ジョーダン・メソッド 97
シラバス 22, 25, 26, 28, 32, 37, 39–41, 43, 61, 63
シラバス・デザイン 60, 61, 152, 154, 155

真正アセスメント 184
診断的評価 181
診断テスト 181
信頼性 180, 190, 191

す

スキル・シラバス 63, 71, 74

せ

制御 92
正の転移 7
正用 3, 8, 12, 13, 15, 21
宣言的知識 8
全人的な学習 99
全身反応法 84, 108（→ Total Physical Response（TPR））
選択 183

そ

総括的評価 181–183, 189
総合的妥当性 194
ソーシャル・ネットワーク／ソーシャル・ネットワーキング・サービス 166
ソシュール 87

た

第1言語習得 2, 5, 8, 9, 66
第2言語習得 1, 6, 7, 9–12, 66, 73, 90, 119, 137, 206（→ Second Language Acquisition（SLA））
第2言語評価 15

大規模テスト 179, 189, 201, 204
対照分析 91, 92, 95–97
代替評価 184, 186, 187
ダイナミック・アセスメント 205, 206
多言語共通の基準 126
タスク 32, 40, 41, 63, 72–74, 126, 132, 134, 136, 137, 140–142, 144, 145, 158, 162, 165, 184, 186, 187
タスクサイクル 142, 144
タスク・シラバス 63, 72–74, 136
タスク・タイプ 140
タスク中心指導法 40, 136 （→ Task-Based Language Teaching（TBLT））
妥当性 180, 190, 192, 193
妥当性の論証 198
談話能力 15, 18, 20, 105

ち

チャット 165
直接テスト 187, 188
直接法 84–86, 89, 94

つ

ツイッター 166
強い CLT 116, 117, 129
強いインターフェースの立場 123

て

訂正フィードバック 89, 111, 112, 121, 123

テーマ基盤型指導 133
テクノロジー 163, 165, 168
デジタルポートフォリオ 164
テスト 179, 180, 184, 186, 187
テスト使用に基づく判断 199
テスト得点 199
手続き的知識 8
転移 10

と

投射仮説 66
トピック・シラバス 63, 68, 70, 74, 82, 85, 115, 121, 126
トレード・オフ効果 140

な

内的整合性信頼性 192
内容 133
内容学習と言語学習の統合 129, 130, 132
内容言語統合型学習 39, 70, 129, 130 （→ Content and Language Integrated Learning（CLIL））
内容重視型アプローチ 39
内容重視型学習 39, 70, 129 （→ Content-Based Instruction（CBI））
内容的側面 194, 195
内容的妥当性 193
ナチュラル・アプローチ 81, 118, 120, 121, 123, 124, 128, 137, 152
ナチュラル・メソッド 83, 84, 108, 112

生教材 161, 163

に

ニーズ分析 28, 29, 31–33, 35, 37–41, 43
日本語能力試験 201, 202
日本留学試験 201, 202
認知力 133

の

ノン・インターフェースの立場 123

は

発達順序 5, 9, 11, 65
話し言葉 81, 82, 84, 85, 88, 91–93, 121, 129, 167
パフォーマンス評価 184, 188
場面教授法 86–90, 94, 113, 114, 137, 150, 152, 163
場面シラバス 63, 68, 69, 74, 85, 87, 121
パワーポイント 163
反転授業 145, 146, 148
反応 91

ひ

ピア評価 185, 186
必要性優先型アプローチ 41
ヒューマニスティック・アプローチ 98, 113
評価 179–181
評価基準 61
ビリーフ 2, 11, 21, 30–32, 61, 71, 98

ふ

不安感 7, 12, 108, 109, 113, 127, 142, 185
フィードバック 12, 26, 35, 73, 102, 105, 128, 131, 179, 182, 185, 205, 206
フェイスブック 166
フォーカス・オン・フォーム 138 (→ Focus on Form（FOF）)
フォーカス・オン・フォームズ 138 (→ Focus on Forms（FOFS）)
フォーカス・オン・ミーニング 138 (→ Focus on Meaning（FOM）)
フォーミュラ能力 18, 98
フォーム・フォーカス・インストラクション 138
付加的モデル 133
負の転移 7
プランニング 140
プレースメント 182
プレタスク 142, 143
ブレンディッド・ラーニング 145, 148, 149
ブログ 165
プログラム 25, 26, 28, 36, 38, 59, 179, 180, 182, 183
プロフィシエンシー・アプローチ 124, 126–128, 152
文化 133, 144
文型練習 11, 72, 89, 93–95, 97, 136, 160
文法シラバス 63–68, 74, 86–89, 92, 94, 97, 103, 121, 126

文法訳読法 82
文脈妥当性 196
文脈的側面 205, 206

へ

平行検査信頼性 192
併存的妥当性 193
ベルリッツ・スクール 85, 86

ほ

方略的能力 15, 17–19
ポートフォリオ 180, 184, 186
ポートフォリオ評価 186
母語干渉 7
ポストタスク 142, 144
ポッドキャスト 167
本質的側面 195
本物 127

む

ムーク（ス） 148, 164
ムードル 145, 164（→ Moodle）

め

明示的知識 8, 9
メソッド 81, 97, 113, 117, 119, 121

も

目標基準準拠テスト 189
目標言語使用範囲 198, 199
目標言語調査 33, 38, 39
目標言語文化 126

目標重視型アプローチ 41, 43
模型 159, 160
文字カード 159, 160
モチベーション 12, 30, 113, 116, 118, 120, 127, 132, 142, 151
モニター仮説 119

ゆ

誘出的側面 205, 206

よ

ヨーロッパ言語共通参照枠 41
　　　　（→ CEFR）
予測的妥当性 193
弱い CLT 116, 117
弱いインターフェースの立場 123

り

理解可能なアウトプット 73, 131, 137
理解可能なインプット 35, 73, 120, 122, 123, 130, 131, 135, 137, 141
理論的妥当性 196

れ

レアリア 85, 161
レディネス分析 31–33, 38
連続法 83

ろ

ロザノフ 105
論証に基づくアプローチ 195, 198

[著者]

畑佐　由紀子（Hatasa, Yukiko）
広島大学大学院人間社会科学研究科日本語教育学プログラム名誉教授
1992年イリノイ大学にて博士号（言語学）を取得。1983年より日本語教育に従事し、イリノイ大学、パデュー大学、アイオワ大学、モナシュ大学等で教鞭を執るとともにカリキュラム開発及び教員養成を行う。2007年に広島大学大学院日本語教育学講座の教授に就任。専門は日本語教授法と第二言語習得。主な著書に『学習者を支援する日本語指導Ⅰ　音声 語彙 読解 聴解』『学習者を支援する日本語指導法Ⅱ　文法 会話 作文 総合学習』（くろしお出版）、『第二言語習得研究への招待』『外国語としての日本語教育—多角的視野に基づく試み—』『第二言語習得研究と言語教育』（編著、くろしお出版）、*Nakama: Japanese Communication Context, Culture*（共著、Cengage Publishing）など。*Modern Language Journal, Japanese Language and Literature, Language Assessment Quarterly*、『第二言語としての日本語の習得研究』、『日本語学』などに論文を発表している。Association for Teachers of Japanese の理事、日本語教育学会の評議員、大学日本語教員養成課程研究協議会の理事などを歴任。

日本語の習得を支援するカリキュラムの考え方

2018年 4 月 1 日　　初版第 1 刷発行
2024年 3 月29日　　　　　第 2 刷発行

著　者　畑佐　由紀子

発行人　岡野秀夫

発行所　株式会社　くろしお出版
　　　　〒102-0084　東京都千代田区二番町4-3
　　　　TEL: 03-6261-2867　FAX: 03-6261-2879
　　　　URL: https://www.9640.jp　e-mail: kurosio@9640.jp

印刷所　シナノ書籍印刷株式会社

装　丁　折原カズヒロ

© HATASA Yukiko 2018　Printed in Japan
ISBN 978-4-87424-758-7　C3081
●乱丁・落丁はおとりかえいたします。本書の無断転載・複製を禁じます。